GRAND PURSUIT

THE STORY OF ECONOMIC GENIUS

偉大的追尋

經濟學天才與他們的時代

第一部

希望

SYLVIA NASAR　西爾維雅・娜薩——著　張美惠——譯

第一部 希望

不了解經濟思想史的經濟學家，絕非優秀經濟學家

中央研究院院士、行政院國家科學委員會主委　朱敬一

娜薩所寫的《偉大的追尋——經濟學天才與他們的時代》一書，是一本與眾不同的經濟學思想史作品。其關鍵，就在於她收集了許多時代背景的資料，穿插對比，使得這些經濟學天才出場與謝幕的情境，顯得格外清晰深刻。尤其難能可貴的是，娜薩對於每位主角在不同時間、事件前後的論點都予以對比呈現，也使讀者能輕易掌握這些大學者看法的轉變。

絕大多數思想史的傳統論著，都只寫出某人的核心觀點，而省略其觀點形成之前的諸多演變與修正。傳統的精華版思想史，容易使讀者誤以爲這些思想家都是神仙下凡，生下來就識得之無二字。看完娜薩全書，我才了解「天才也有迷惑時」。原來凱因斯原本是個古典學派，而且堅持了這麼多年；原來傅利曼原本是個凱因斯學派，到後來才「叛變」。

娜薩的著作也能讓研讀經濟學的老師與學生了解，經濟學是解決大時代經濟問題的學問，而不是在研究室裡做無聊推導，得出一些「與世無爭、也與世無關」推論的象牙塔學問。看看馬歇爾、熊彼德、凱因斯等人的著作，都是在眞誠回應現實經濟問題的叩

問。當外在的經濟環境變動愈大，經濟學家的挑戰也就愈大。相對而言，二次大戰後的六十年間世界經濟相對平穩，部分經濟學家的天份就被導向無病呻吟式、純粹而無必要式的數理分析，讓人漸有疏離之憾。

我個人始終認爲，在社會動亂但心靈自由的環境下，比較容易出現具有大震撼力的人文作品。愛因斯坦的相對論純然出自其推導，與社會環境無涉；但是人文社會的經典作品，卻往往是天才在環境壓力淬鍊下的結晶。二十世紀下半經濟學泰斗大概非薩繆森莫屬，但同期間其著作唯一對我有感動力的經濟學家，就只有印度裔的阿馬蒂亞・森。我認爲原因無他：這些優秀經濟學家中只有森曾經經歷苦難，也只有他心裡埋藏著深刻而很想回答的眞切問題。

《史記》淮陰侯列傳說：「秦失其鹿，天下共逐之。」這句話的現代版是：動亂的時代醞釀著重大的社會問題，等待天才去解答。這幾年我始終覺得，台灣面對中國大陸的崛起、韓國的強力競爭、新加坡與香港的自由經濟壓力，以及全球創新經濟的風潮，絕對稱得上是個動亂時代。也許台灣的經濟學家還不夠天才、也許我們還沒有提出凱因斯那樣的精彩論述、也許我們沒有傅利曼傑出的群眾魅力。無論如何，台灣已經有了孕育經濟學大家的背景環境，只待霹靂春雷。

好一本經濟學天才們的歷史故事書

中華經濟研究院研究員　吳惠林

二〇〇二年三月，台灣瀰漫在「美麗境界」氛圍裡，那是因為一部好萊塢電影和一本書，影片名稱和書名同樣是《美麗境界》（*A Beautiful Mind*）。想當然，電影由書改編而成，電影賣座、書則暢銷，影片還獲得當年四項奧斯卡金像獎及四項金球獎。

《美麗境界》大卡司版本

為什麼電影和書會如此轟動？故事主角是一九九四年諾貝爾經濟學獎得主之一的納許（John F. Nash），這位在三十歲左右就罹患精神分裂症、脫離俗世二十多年的數學天才，其際遇固然曲折離奇，但要以文字描述得讓人不忍釋卷並不容易，何況還得對「賽局理論」這些學問融會貫通，更是困難。沒想到娜薩竟能將納許的生涯寫得如此精彩，其功力令人嘆服。娜薩寫完納許後，竟對經濟學天才產生濃厚興趣，再接再厲寫下去，一個嫌不夠，要寫乾脆一網打盡，從現代經濟學萌芽以來迄今的「天才們」統統囊括進來；

這麼龐大的工程，怪不得耗她十年才構思撰寫出來，就是這部《偉大的追尋——經濟學天才與他們的時代》。

一般認爲，經濟學始自一七七六年亞當．史密斯的《原富》（該書較爲人所知的中譯爲《國富論》，但此譯名其實並不妥適）；亞當．史密斯因此被尊稱爲「經濟學始祖」。不過，「現代」經濟學之父卻是馬歇爾，這是因爲馬歇爾在《經濟學原理》中提供了供需圖形等分析工具，接著薩繆森再導入自然科學的數理工具，設定「嚴謹」的數理模型，進而能利用數據、計量方法和各種模型來實證，於是具有「科學」味道，也才有「現代」含意。娜薩乃就一八四〇年至二十一世紀之交的「現代經濟學天才們」，從倫敦開始，環繞世界一圈，最後在二十一世紀之交結束於印度的加爾各答。

在這一百六十多年期間，經濟學天才不少，而主流現代經濟學是馬歇爾的新古典學派，至一九三〇年代換由凱因斯學派引領風騷，共產主義和奧地利學派都靠邊站、甚至沾不上邊。不過，娜薩慧眼獨具將這些學派的重要人物都延攬在內，而經濟學一向有「沮喪的科學」之稱，就是因爲馬爾薩斯的《人口論》指出人口呈幾何級數增加，糧食則呈算術級數增加，於是人類長期陷於「生存水準」的「貧窮陷阱」之中；社會評論家卡萊爾乃以「沮喪科學」稱之，而經濟學者很自然地就關注如何脫貧，於是資本主義市場經濟私產制度就出頭，但貧富懸殊的課題又浮上檯面，其間，主張「窮人翻身」的共產主義和社會公平正義的社會主義乃橫空而出，形成歷史上錯綜複雜的情節。

一部經濟思想史經典史詩

娜薩將本書分為三部共十八章鋪陳，每章各以一或二個經濟學天才為主角，依先後順序，共有恩格斯、馬克思、馬歇爾、韋伯夫婦、費雪、熊彼德、凱因斯，海耶克、羅賓遜、傅里曼、薩繆森，以及印度的阿馬蒂亞．森等人。如何將這些人物個人、相互間、時代環境清楚描繪已不容易，要感動人就更不簡單，娜薩就有本事做到。這本書被讚嘆為「一部充滿血肉、文采與熱情的經濟學新經典」、「是一則關於悲劇、戰勝命運以及時空跨越近兩世紀的眾多經濟學天才的動人史詩」良有以也！

歷史是一面鏡子，人的行為則是由觀念帶動，正確的觀念能使人類永續向上發展，錯誤的觀念則會陷人類於水深火熱，以至於沉淪，毀滅。於今觀之，娜薩在本書中所推崇的觀念，究竟是正確或錯誤的，就有勞讀者自己判斷了。

無論如何，這的確是一本精彩的經濟思想史故事書。

典型在夙昔

文化評論家　南方朔

一九九八年，本身顯然也是個職業經濟學家，後來從事經濟寫作，擔任《紐約時報》經濟記者的西爾維雅．娜薩出版了《美麗境界》一書，該書的中文版二〇〇二年由時報出版。那本書一出版就極受好評，不但為《紐約時報》暢銷書排行榜第一名，也獲當年美國書評界傳記獎，後來也獲得美國數學聯合政策委員會傳播獎，足見該書在專業和一般的讀書界，都享有極高的評價。

《美麗境界》是一九九四年諾貝爾經濟學獎共同得獎人之一納許的傳記。一九九四年的諾貝爾經濟獎頒給賽局理論的三位經濟學家，另外兩位是柏克萊加州大學的侯尙義（John C. Harsanyi），及畢勒費爾德大學的賽爾登（Reinhard Selten）。納許乃是個集天才與瘋狂於一身的傳奇人物。他生於一九二八年六月十三日，少年時即與眾不同，閃爍著獨特的智慧光芒；一九四八年他進入當時數學領域正在崛起的普林斯頓大學，很快就出類拔萃，三十歲以前就對賽局理論做出了開創性的貢獻，但一九五九年在他進入三十歲時，他卻出現妄想的精神分裂症，進入了他的黑暗精神世界。直到一九九〇年代初才逐漸對妄想有了抗拒力，而後才逐漸痊癒，並被人以追認的方式頒給了經濟學獎。娜薩對納許的一生做了廣泛而深入的查訪，也對他的學術成就做了行家的報導，使得本書無論在人性的高度、知識的深度，以及文采的豐富度上，都是少見的傑作。後來羅素．克洛（Russell I. Crowe）主演的同名電影，就是以這本傳記爲藍本。凡看過該部電影的，一定對天才和瘋狂的孤寂有著異常的感受。

而到了今天，繼《美麗境界》之後，娜薩耗時十年所寫的這本《偉大的追尋——經濟學天才和他們的時代》又告出版，這是一部不同凡響的史詩式巨作，它是經濟思想史，又不是經濟思想史。它是部以經濟學家爲中心，所寫的過去兩百年世界經濟變化的壯遊遊記。過去兩百年，乃是人類經濟活動快速發展的時代，隨著經濟快速的發展和變遷，經濟學做爲一種有效的工具的地位也告確定。這也使得經濟學家必須與他們所處的時代緊密對話與互動。這部《偉大的追尋》就是在敘述十九世紀起，經濟學家與他們所處的時代對話的故事，以及經濟學做爲分析工具的演變故事。

最近我剛讀過一九九三年諾貝爾經濟學獎共同得主諾斯（Douglass C. North）所著的《理解經濟變遷的過程》（*Understanding the Process of Economic Change*）一書，諾斯爲聖路易華盛頓大學教授，他是因爲在新經濟史這個學派有開創性的貢獻而得獎。諾斯認爲經濟變遷的過程極爲複雜，只有描述式的觀察或意識型態式的目標是無用的，這也是當年俄國有過壯觀的經濟改革，但迅即慘敗的原因。經濟的變遷涉及體制、各方面的訊息、體制對環境變化所做的適應效能，以及是否有能力去創造新的、且能被廣泛接受的公平上層結構有關。人們尚難對經濟變遷有一個廣泛遍歷的一般性理論。

正因經濟的發展與變遷仍難以掌握，我們遂格外需要對每個時代、經濟學家和主要的決策者是如何在面對重大的經濟不確定性，特別加以注意。就以金融海嘯以來，全球對經濟學界，已展開深刻的反思，前兩年的經濟獎得主保羅．克魯曼（Paul R. Krugman）已表示「當代總體經濟學要不是無用，就是有害」，歐洲學者甚至對當今主流經濟學發明了一個不雅的封號——「自閉經濟學」（Autistic Economics）。足見經濟學這個工具，似乎也有失靈的時候。這也是我不願意把經濟學家神化，只願意把他們視爲單純的經濟學這門實用有效工具的發明人的原因。我毫無貶低經濟學家的意思。因爲近代經濟學的確出了不少人才，已使得這門學科，在知識的有效性上，做出了極大的貢獻。它不再只是簡單的描述，而是在開放自由的大前提下，做各種可操作的選擇，而且在可度量性上也更加的清晰。經濟學在過去的兩百年的確可圈可點。

而《偉大的追尋》這本巨著，就是娜薩再次以她行家的身份，帶領人們去回顧過去兩百年西方經濟的發展，它的樂觀與悲觀，以及經濟學家如何面對各種難題及創造新的觀念和分析工具的歷程。作者知識淵博，文采斐然。她總是能在文學中畫龍點睛地找到描述每個時代經濟情勢的作品及人物軼事，這遂使得人們在閱讀本書時格外能體會到經濟史的全貌。

在過去兩百年裡，由於經濟自由的擴大，人類的生產力已大幅解放，而經濟體制與經濟觀念的創新無疑地扮演了最核心的角色。本書就是部經濟觀念與時代對話的宏大歷史。在讀了本書後，許多人可能都會想問一個重要的問題，在這麼一本宏大的巨著最後，作者自己的經濟終極關懷是什麼？我就想到本書在第三章和第十一章所提到的韋伯夫婦。碧翠絲為維多利亞女王時代的英國鐵路大亨之女，她美麗動人，既富裕又求知好客，且關懷社會。他們夫婦有一套價值觀：發展、自由、教育、福利。他們夫婦參與發起成立倫敦經濟學院，也參加倫敦大學的改制，他們是英美福利國家的開創者，也是費邊社的靈魂及近代智庫的創始人。他們深深影響了自由黨的勞合．喬治首相和保守黨的邱吉爾。除了對韋伯夫婦極為肯定之外，本書在最後一章以印度裔英國籍、一九九八年諾貝爾經濟學獎得主阿馬蒂亞．森為壓卷。森為公共選擇學派的要角，在福利經濟學上有重要貢獻。由此似乎也可以看出，發展、自由、教育、福利，也是作者的關懷。

過去兩百年，乃是英美的時代，世界經濟跌跌撞撞的走來，有鍍金時代的繁華樂觀，有大蕭條所帶來的進步，經過兩次大戰又告復甦。經濟學這個分析工具的確發揮了很大的作用。但從金融海嘯到現在的只會印鈔救經濟，似乎也顯示了經濟學也到了典範轉移的時刻。至於新的典範是什麼，那就是經濟學家和經濟政策制定者的考驗了！

序言　百分之九十的人類

幸福國家的經驗非常短暫。綜觀人類歷史，幾乎一直都是非常貧窮。

——加爾布雷斯（John Kenneth Galbraith），《富裕的社會》（*The Affluent Society*），一九五八年

在這樣悲慘的情況下，縱使稍有緩和之時（這種機會也很少），全人類九成都是勞苦一生。

——伯克（Edmund Burke），《爲自然社會辯護》（*A Vindication of Natural Society*），一七五六年

珍·奧斯汀（Jane Austen）未曾想過人類能扭轉經濟需求的壓迫——亦即掌控、而非受制於物質環境，因爲這樣的概念在當時實在太新穎了。

試想想，這位《傲慢與偏見》（*Pride and Prejudice*）的作者可是生活在豐饒的喬治王時代。當時英國的財富「足以激發世人的讚嘆、驚奇甚至嫉妒」，那是人類戰勝迷信、無知與專制的時代，我們稱之爲歐洲的啓蒙時代。珍·奧斯汀出生在英國社會的「中間階層」，當時的「中間」與平均或典型是相反之意。相較於《傲慢與偏見》裡的班奈特先生（Mr. Bennett），甚至是《理性與感性》（*Sense and Sensibility*）裡不幸的達希伍德小姐（Ms.

Dashwoods），奧斯汀家是相當窮的。不過，奧斯汀家的年收入有二百一十英鎊，勝於當時百分之九十五的英國家庭。雖然奧斯汀家必須「粗鄙地儉省生活」，以避免「不舒適、悲慘甚至毀滅」，但她們家有財產，有點閒暇時間，能選擇職業，上學受教，購買書本、紙張與報紙。珍與姊姊卡珊德拉（Cassandra）都不致被迫嫁給不愛的男人，或是受僱擔任家庭教師——這可怕的命運正等待艾瑪的對手珍。

套用一位傳記作家所言，奧斯汀家與所謂低下階層的鴻溝「絕對存在，無可懷疑」。哲學家伯克（Edmund Burke）爲礦工的境遇大表不平，他們「幾乎不見天日；埋在地球的深處；從事艱難沉悶的工作，絲毫沒有逃脫的機會；吃的是最粗簡的食物；健康嚴重受損，生命提早結束」。但就生活水準而言，就連這些「痛苦可憐的人」都是相對幸運的。

典型的英國人是農工。根據經濟史學家克拉克（Gregory Clark）的分析，農工的物質生活水準不比一般的羅馬奴隸好多少。他的農舍只有一間陰暗的房間，日夜與妻兒牲畜共用。唯一可用以保暖的是燒木頭煮飯時冒煙的火。他只有一套衣服，出門只靠兩條腿，唯一的娛樂是性與狩獵。沒有醫療，很可能是文盲，子女幼時得幫忙看牛或趕烏鴉，等年紀夠大了就送去「勞動」。

情況好時，他只吃小麥與大麥做成的麵包，或是麥糊這樣最粗糙的食物，就連馬鈴薯也是不可得的奢侈品。一位村人曾告訴珍．奧斯汀的母親：「這對你們上等階級當然不成問題，但種起來一定得花很多錢。」克拉克估計，英國農工平均每天僅攝取一千五百卡熱量，比新幾內亞或亞馬遜的現代集獵者還少三分之一。除了長期挨餓，麵包價格的極端波動更讓他們蒙受隨時餓死的危機。十八世紀的死亡率非常容易受糧作歉收和戰時通膨所影響。但典型的英國人還是比同等階級的法國人或德國人好些，伯克告訴他的英國讀者：「我們在國內看到的這種奴役狀況如此卑微、可怕，但相較世界他處的人遭受的類似待遇，根本不算什麼。」

認命是普遍的態度。就像蘇格蘭哲學家亞當．史密斯（Adam Smith）在一七七六年的《國富論》（*The Wealth of Nations*）所預測的，貿易和工業革命讓英國財富大增。但即便是最開明的觀察家也承認，這些發展無法改變上帝的懲罰——大多數人「一生中……都過著貧窮、勞苦的生活」。一個人生命中的位置是上帝或大自然注定好的。當皇室的家臣死去，他或許會被稱許「在這人世中被安排的位置上善盡職責」。喬治王時代的改革家寇古宏（Patrick Colquhoun）曾提出讓貧窮子女受教育的激進建議，卻必須在序言中保證他的意思並非「受教育的方式應能讓他們的思想超出在社會中應有的地位」，以免「注定從事勞力工作與次等生活的人」會變得不滿足。

在珍．奧斯汀的世界裡，每個人都知道自己的位置，而且無人質疑。

珍．奧斯汀死後不過五十年，世界已變得無法辨識。不只「財富、奢侈與精緻的品味進展驚人」，生活糟到無可救藥的人的情況也有了前所未見的改善。後來的維多利亞時代統計學家季芬（Robert Giffen）提醒讀者，珍．奧斯汀時代的工資只有他那時期的一半，「事實上，五十年前，全英國的廣大勞工經常挨餓……」，大眾意識到，歲歲年年固定不變的事物開始會變動。問題不再是情況能否改變，而是改變的幅度有多大，速度會多快，社會將付出什麼代價。大家意識到改變並非偶然或運氣，而是人類展現意向、意志和知識的結果。

人類會受環境影響，而環境並非無法改變或完全不能以人力動搖的天命注定——這可說是有史以來最新穎的發現之一。這個發現讓人開始質疑，人類受制於上帝和自然左右是否眞爲存在的眞理？這項發現暗示，人類一旦掌握新的工具，便可能掌控自己的命運，同時帶來歡欣感與行動力，不再甘於悲觀與認命。一八七〇年以前，經濟學主要是談人類不能做什麼；一八七〇年之後，則是探討人類能做什麼。

現代經濟學之父馬歇爾（Alfred Marshall）說：「多數經濟學研究的主要動機是希望讓人類成爲自己的主人。」相較於精神、政治或軍事的發展，一般大眾對經濟發展的可能性更感興趣。維多利亞時代的知識分子執迷於研究經濟學，許多人渴望能在這個領域上寫出曠世巨作。自然科學的進步激勵了這些人開始設想一套工具，用來探究創造出空前的物質財富和豐富機會的，到底是何種「巧妙強大的社會機制」。歸根究柢，新經濟學確實改變了世界上每個人的生活。

您手上的這本書談的並非經濟思想史，而是一則關於觀念的故事，這個觀念誕生在一次大戰前的黃金時代，在大戰期間的災難歲月曾經歷兩次大戰、極權政府興起、大蕭條的挑戰，以及在二戰後的第二次黃金時代復興。

馬歇爾稱現代經濟學是「Organan」，這個古希臘字的意思是「工具」，意指經濟學不是一套眞理，而是用於發現眞理的「分析引擎」。正如這個名詞所暗示的，這套工具永遠不會完整無缺或至臻完美，它永遠需要改進、調整與創新。馬歇爾的學生凱因斯（John Maynard Keynes）稱經濟學爲「思想的工具」，就像其他科學一樣，經濟學是幫助吾人分析現代世界和充分發揮世人潛能不可或缺之物。

筆者書中選擇的主角皆是成功將經濟學轉化爲掌控工具之人。無論男女都是「頭腦冷靜，滿腔熱血」，能協助建立馬歇爾所謂的「引擎」，創新凱因斯稱呼的「工具」。這些人物的性格、經驗與才智引導他們，因應當時的時間與地理條件，提出新問題，建議新答案。這些人物的故事從一八四〇年的倫敦開始，環繞世界一圈，最後在二十一世紀之交結束於加爾各答。我試著描繪每個人對周遭世界的觀察心得，了解讓他們受吸引、感動與激勵的是什麼事物。這些思想家都在尋找知識的工具，以便解決凱因斯所謂「人類的政治問題：如何將經濟效率、社會正義與個人自由這三件事結合起來」。

正如凱因斯的第一位傳記作者哈羅德（Roy Harrod）所言，身兼多重角色的凱因斯認爲，他熱愛欣賞的藝術家、作家、編舞家與作曲家都是「文明的守護者」。他期待像他這樣的經濟思想家能扮演較爲謙卑但同樣必要的角色：「不是守護文明的人，而是守護文明可能性的人。」

正因爲這些守護者的努力，有一個觀念開始在維多利亞時代的倫敦人心中生根：他們開始相信百分之九十的人類可能擺脫亙古以來的命運。從那之後，這個觀念就像池中漣漪向外擴散，改變了這世界的每個社會。

如今，這個觀念依然正在擴散中。

前言　濫情先生與史古基

那是最糟糕的年代。

一八四二年六月，狄更斯結束成功的美國閱讀之旅返回英國；當時，飢餓的陰影正逐漸籠罩全英。在一連串麥糧歉收之後，麵包價格翻漲一倍；貧窮的鄉下人擠進城裡尋找工作，找不到工作的人則尋求慈善救助。棉業已連續四年嚴重衰退，失業勞工被迫仰賴公家救濟或民間免費食堂。保守的社會評論家卡萊爾（Thomas Carlyle）嚴厲警告：「數百萬人已活不下去……這個國家顯然正邁向自殺之途。」

狄更斯是堅定擁護教育、選舉權、公民與宗教自由的人，對於升高的階級仇恨感到駭然。八月份，一間棉廠的罷工行動轉趨暴力。短短幾天，爭議演變成要求普及男性選舉權的全國性大罷工，號召者是「人民憲章」（People's Charter）大型運動的領導者。憲章運動者將議會中產階級激進派「一人一票」的主要訴求帶上街頭。首相皮爾（Robert Peel）領導的保守黨政府立刻派出身著紅色制服的士兵圍捕煽動者。罷工者開始回到工廠，但寫過狄更斯曾一再拜讀的法國革命史的卡萊爾發出了悲觀的警告：「叛亂，反上層階級的憤怒、報復情緒……日漸成為低下階級的普遍精神。」

倫敦燈光明亮的接待室裡，狄更斯身旁常有公侯仕女環繞奉承，但他對共和制的支持就像他的鮮豔領結一樣，難以忽視。卡萊爾初次碰到這位三十歲的文壇名人，輕蔑地形容他「矮小精幹，**非常**矮小」，而且不懷好意地又說「他的穿著不算好，倒是很有奧塞風格」，意指和惡名昭彰的法國伯爵奧塞（Alfred d'Orsay）一樣。卡萊爾的好友，激進派哲學家米爾（John Stuart Mill），則是想起卡萊爾曾如此描述一位雅各賓黨（Jacobin）革命分子，「一臉卑鄙的流氓氣，但才華洋溢」。在時髦的午夜餐宴上，憲章運動者的「起義」引發激烈爭辯。首相堅持必須採取嚴厲措施遏止激進分子利用情勢，因為眞正有困難的人已經得到幫助了，卡萊爾很支持這個立場。狄更斯雖曾誓言，「他比任何人都更願意在任何時刻、走更遠的路去見卡萊爾」，但他認為基於審慎與公平原則，政府應該救濟身強體健的失業者和其家庭。

一七九九至一八一五年的拿破崙戰爭期間，饑荒曾引發一項重要的爭辯，這項爭辯到了「飢餓的四〇年代」（The Hungry Forties）再度死灰復燃。爭議焦點之一是馬爾薩斯牧師（Reverend Thomas Robert Malthus）提出的人口學原理。馬爾薩斯與珍・奧斯汀同時代，是英國首位政治經濟學家；兔唇，擁有冷靜的數學頭腦的他也是個害羞、仁慈的聖公會牧師。在他還是副牧師時，就對鄉下教區居民的飢餓狀況深感痛心。聖經認為貧窮是天生的罪，當時的法國哲學家，例如他父親的朋友康多塞侯爵（Marquis de Condorcet），多半認為問題在於富人的自私。馬爾薩斯發現兩種解釋都無法說服他，他一定得找尋更好的理由。他的《人口論》（*An Essay on the Principle of Population*）於一七九八年出版，在一八三四年他去世之前曾再版五次，這本書激勵了達爾文與演化論的其他創始者，也促使卡萊爾將經濟學貶低爲「沮喪的科學」（dismal science）。

馬爾薩斯試著爲一項事實提出解釋：包括他當下所處的所有社會與時代，「全人類十分之九」注定得窮困勞苦過活。世界上多數人即使未處於挨餓狀態，也是長期生活在擔憂會餓死的陰影下。雖然有些時期較繁榮，有些較不景氣；有些地區較富裕，有些則較貧窮，但生活水準從未超越僅能糊口的基本水準太久。

爲了解答亙古以來的大問題：爲什麼會如此？這位溫和的牧師的步伐同時走在達爾文和佛洛伊德之前，認爲這要怪罪於「性」。不知是因爲馬爾薩斯曾仔細觀察教區居民的悲慘生活，或是因爲當時的自然科學家開始視人類爲動物，還是因爲他自己生了第七個孩子，他的結論是：繁殖的衝動超越人類其他一切本能與能力，包括理性、智巧、創造力，乃至宗教信仰。

馬爾薩斯從這個引人爭議的單一前提，推論出一個原理：不論何時何地，人口的增長皆比食物供給的成長速度更快。他的邏輯看似很簡單：假設在某種情況下，食物的供給足以維持特定人口的生存，如此快樂的平衡持續的時間也不會比亞當夏娃在樂園裡的時間更久。動物本能將驅使男女更快結婚，生育更多子女。除非把時間相距拉隔得非常長久，否則食物的供給差不多也是固定的。結果就是，原本恰好足夠讓每個人吃飽的穀物和其他主食的數量將會不足。馬爾薩斯說，不可避免地「窮人的生活會因此惡化」。

任何經濟體裡，只要企業間爲了客戶、勞工間爲了工作必須相互競爭，人口增加便意味會有更多家庭爭奪食物供給，更多勞工同時爭奪工作。競爭會壓低工資，同時推高食物價格。平均生活水準，也就是每個人獲得的食物量與其他必需品，便會降低。

到了某個時間點，穀物將變得太昂貴，而勞工太廉價，於是情勢全盤扭轉。隨著生活水準降低，男女再次被迫遲婚，少生孩子。人口減少意味食物價格降低，因爲競爭食物的家庭變少了。又因爲競爭工作的勞工減少，工資會提高。到最後，食物供給與人口回復平衡，生活會回到以前的水準，除非大自然的「強大毀滅力量」，例如戰爭、疾病、饑荒出現，介入加速這個過程；例如十四世紀的黑死病消滅了數百萬人，相對於食物產量，剩下的人口數就顯得較少。

可悲的是，這樣的新平衡不會比原本的平衡更持久。馬爾薩斯悲傷地寫道：「勞動階級的生活才剛過得比較舒適，便又開始重複失得快樂的循環。」想提升平均生活水準，就像希臘神話中的薛西佛斯試著把石頭推到山頂。他愈快將石頭推向山頂，便愈快引發石頭再度滾下坡的反應。

藐視人口原理的結果注定終將失敗。勞工若堅持要求高於市場的工資，便會找不到工作；雇主提供的工資若高於競爭對手，便會因工資成本較高而被迫調高售價，終而流失顧客。

對維多利亞時代的人而言，馬爾薩斯的法則最引起反對的一點可能是：慈善救助實際上可能會救苦不成反增痛苦，這等於直接挑戰耶穌「愛人如己」的教誨。事實上，馬爾薩斯嚴厲批評傳統英國福利制度犧牲了勤奮者，獎勵懶惰者，因爲這種制度幾乎無條件提供救助，且救助程度與家庭成員多寡成正比，此舉等於鼓勵早婚與多生。保守派與自由派的納稅人都認爲馬爾薩斯的論點極具說服力，因此議會在一八三四年幾乎無異議通過「新濟貧法」（Poor Law），有效限制對於入住教區濟貧院者的救濟。

「先生，拜託再給我多一些。」《孤雛淚》（*Oliver Twist*）的主人翁奧利佛在說出這懇求的名句後發現，濟貧院基本上就是一所分隔男女、從事不愉快的工作的監獄，而且還得接受嚴格管教，一切就只爲能有個地方睡覺，「一天可喝三頓稀粥，一週吃兩次洋蔥，週日半塊麵包」。多數濟貧院的伙食或許不至於像狄更斯小說裡描述的寒酸到會把人餓死，但這些機構無疑是讓勞工階級最不滿的。狄更斯就像多數有志改革的中產階級自由派，認爲新濟貧法的理論基礎是建立在野蠻歷史的遺毒上，不僅違反道德，也是政治自殺。他剛從美國回來，看到那裡「幾十億畝土地尚未開拓清理」，那裡的居民「習於照三餐快速吃下大量肉食」，認爲廢除濟貧院會導致世界缺糧的說法太荒謬。

狄更斯一心要爲窮人出力，於是在一八四三年初開始撰寫一則故事，敘述一個吝嗇的富人如何回心轉意；他認爲這則故事的衝擊將會比政治宣傳「大上二十倍、甚至兩萬倍」。

經濟史學家韓德森（James Henderson）認爲，狄更斯的《小氣財神》（*A Christmas Carol*）是對馬爾薩斯的攻擊。小說裡充滿甜美的氣息與味道。狄更斯筆下的故事場景不是在崎嶇、貧瘠、人口過多、食物短缺的島嶼，而是像寬闊的高級百貨公司「福南與梅森」（Fortnum & Mason）一樣，貨架上擺滿商品，籃子永遠不見底，酒桶不曾乾涸。書中主角史古基（Ebenezer Scrooge）看到過往的耶誕精靈高踞在「某種寶座上」，旁有成堆的「火雞、野禽、雞鴨鵝、野豬肉、大塊肉片、乳豬、長串香腸、碎肉餅、梅子布丁、一桶桶的牡蠣、熱騰騰的栗子、紅通通的蘋果、多汁的橘子、甜美的桃子、超大的蛋糕、一碗碗冒著氣泡的水果酒，香甜的蒸汽把房間都給薰暗了」。笑容滿面的雜貨商、雞鴨商、蔬果販邀請倫敦人走進他們的店裡，看看食物飲料的豐美「盛宴」。

書中的英國盡是新世界的富裕生活，沒有舊世界的匱乏；瘦骨嶙峋、了無生氣、捨不得吃喝的史古基顯得格格不入。如同韓德森所分析的，在商言商的史古基「對同情心這種新的精神一無所覺，正如他對周遭人們的慷慨慈善也同樣麻木」。史古基無論在實質或精神上，都堅決支持單調無聊的工作和濟貧院的價值。他堅持：「他們花費夠多了，生活困難的人應該去那裡。」過往的耶誕精靈反駁說：「很多人到不了那裡，而且很多人寧可死。」史古基冷冷地說：「如果他們寧可死，那最好就去死，也可讓過剩的人口減少一點。」

所幸史古基的冷酷無情證明並非冥頑不化，正如世界的食物供給並非固定不變。當史古基得知小提姆是「過剩」人口的其中一個，他不禁對自己老派的馬爾薩斯信仰中所蘊含的意義不寒而慄。「不，不！」他哀求精靈放了小男孩。精靈嘲弄地說：「怎樣？如果他寧可死，那最好就去死，也可讓過剩的人口減少一些。」史古基悔悟了，決心為長期受苦的職員克萊奇特（Bob Cratchit）加薪，還送他一隻上好的火雞歡度耶誕節。史古基及時接受狄更斯那一代較為樂觀、不宿命的觀點，改變了未來的發展，也等於駁斥了馬爾薩斯所言，「盲目殘酷的過去注定一再重複」的悲觀假設。

克萊奇特一家開心地共享聖誕大餐，這是狄更斯對馬爾薩斯的直接反擊；馬爾薩斯運用「大自然盛宴」的寓言，提醒世人注意善意的救助可能會帶來意想不到的後果。假設一個無力養活自己的人請餐宴的客人挪出位子給他，在過去，用餐者會拒絕。但現在受到法國烏托邦理論的蒙蔽，他們決定不管食物不足受邀賓客食用的事實，也未預見若是讓新來者加入，可能會引來更多不請自來的人，屆時還沒讓人人都吃到，食物可能就先不夠了；受邀賓客原可歡喜用餐，現在將會「因看到他人的苦難無助而破壞樂趣」。

克萊奇特一家人歡欣的臉龐環繞著咯吱作響的桌子，與馬爾薩斯描述的不夠全家吃飽、嚴格配額的景象恰成對比。不同於大自然的慳吝，我們看到克萊奇特太太的布丁「就像覆有斑點的大砲」，也許不夠吃第二份，但對全家人來說已經很豐盛了。「克萊奇特太太說，她放下了心中的大石頭，現在她承認原先對麵粉的份量有點疑慮。大家都有話說，但沒有人說出、或在心裡想著，這布丁對一大家子人來說稍嫌太小。要是這麼做，肯定會遭天打雷劈，任誰要暗示這一點都該臉紅的」。

聖誕節的氣氛具感染性。故事結尾，史古基甚至不再挨餓；他不再獨自吃同樣那碗粥，嶄新的史古基未事先告知就突然出現在聖誕餐宴上，讓他的外甥嚇了一跳。不消說，他的繼承人便趕緊幫他安排一個位子。

果然如狄更斯所希望的，《小氣財神》帶給大眾一記當頭棒喝。這本小說從十二月九日出版到聖誕夜，大賣六千冊，這個故事在狄更斯此生、甚至死後，都將流傳世間。狄更斯對窮人的描述為他贏得「濫情先生」之類的諷刺外號，但他從未動搖信念，堅信一定有方法能改善窮人的命運而不必推翻現有的社會。

狄更斯極具商業頭腦，他無法想像改善社會狀況的計畫若沒有確切的財源，會有成功的機會。他並不反對工業革命，而是「純粹的現代主義者」和「進步的信仰者」。他在二十多歲時便已功成名就，憑自己的才能爬到高處，自然相信人類憑著聰明才智，必能掌控自己的命運。他在新的大眾媒體產業中闖出一片天而脫貧，對於像卡萊爾和社會主義者米爾這樣的保守派很不耐煩，因爲他們拒絕承認「我們的社會經歷了許多艱辛的努力，確實緩慢、辛苦地向上爬升，擺脫社會上種種墮落與無知」，他們「帶著讚嘆回顧盲目且殘酷的過往，卻無法以同樣的心態面對現在」。

狄更斯認爲，英國社會彷彿正從漫長的惡夢中清醒，事後證明他的確有先見之明。憲章運動者「起義」不過一年，一種新的寬容與樂觀的氣氛明顯可觸。保守黨首相私下承認，憲章運動者的許多不滿有其道理。勞工領袖拒絕順應階級戰的呼聲，支持雇主對廢除穀物糧食進口稅的要求。政界自由派因應國會關於童工、工安事故及其他弊病的委員會意見，推動了一八四四年的「工廠法案」，規範婦女與兒童的工時。

狄更斯從未想像過，這世界沒有精密的經濟學依然能運行。他希望能改變政治經濟學家，就像未來的聖誕精靈改變史古基一樣。他希望他們不再將貧窮視爲自然現象，忽視觀念與意圖的重要，或是認定不同階級的利益會理所當然地南轅北轍。狄更斯尤其熱切希望經濟學家能做到「相互闡釋、寬容與體諒；這些精神……無法完全以數字表現」。狄更斯在發行頗受歡迎的週刊《家常話》（*Household Words*）時，曾懇求經濟學家讓這個學科更人性化。就像他在創刊文裡所寫的：「政治經濟學若無此許人性的外衣，慢慢增添血肉，多一點人性的光輝和溫暖，將不過只是一具軀殼。」

並非只有狄更斯這樣想，當時及後來在倫敦與全世界，都有許多男女獲致相同的結論。他們在克服艱鉅的阻礙之後也體認到，人類確實會受外在環境影響，對「全人類百分之九十的物質生活條件無法改變、僅能受制於『盲目殘酷的過去』，超乎人類控制或影響」的看法持否定立場。他們懷疑激進菁英分子推動的烏托邦計畫與「人工社會」，但確信人類能干預經濟情勢，因而致力於設計「分析的引擎」，或是如日後一位經濟學家所稱的「思考的工具」（apparatus of the mind），據以探究現代社會的運作，以及如何才能改善人類的物質條件；畢竟全人類的道德、情感、知識、創造等發展，都依存在物質條件的基礎上。

第一章　嶄新的世界——奇蹟時代的恩格斯與馬克思

關鍵在於這套銀行體系存在未久，而是全新的……
我們的制度雖然新奇特殊，應該還是能安全地落實……但如果我們要安全地實施，就必須詳加研究。

——白哲特（Walter Bagehot），《倫巴德街》（*Lombard Street*）

「你收集的資料務必盡速對外發表」，二十三歲的恩格斯（Friedrich Engels）寫信給革命同志馬克思（Karl Marx）：「時機正成熟。因此，著手進行，速速付梓！」一八四四年十月，歐陸宛如悶燒的火山，即將爆發。身為普魯士貴族女婿及激進哲學刊物編輯的馬克思，此時正在巴黎，將著手撰寫一篇經濟論文，以數學的精確證明革命之必然。而萊茵河畔的紡織商之子恩格斯，正待在家族產業中，埋首閱讀英國的報紙書籍。他在草擬一份「詳細的起訴書」，對象正是他與馬克思所屬的階級。他只擔憂革命會比他的校樣更早到來。

恩格斯是懷抱文學理想的浪漫造反派，兩年前初識馬克思時已是「剛萌芽的革命家」與「充滿熱忱的共產主義者」。恩格斯生得俊秀細瘦、高度近視，青春期都在努力擺脫家庭嚴格的喀爾文主義思想；擔任普魯士皇家砲兵的他，專注思考上帝與財富對人類的雙重宰制。恩格斯相信私人財產是萬惡之源，唯有透過社會革命才能建立公正的社會，他嚮往的是「眞實」的哲學家生活。令他無限惋惜的是，他注定得承接家族事業。某個有錢的激進報人曾誤以爲恩格斯是學者，恩格斯糾正他：「我不是博士……也永遠不會是。我不過是個生意人。」

老恩格斯是狂熱的福音派信徒，經常和思想自由的兒子起衝突，他堅持兒子一定要照他規定的路走。以經營者而論，老恩格斯可說相當進步，他支持自由貿易，在德國烏帕塔市（Wuppertal）的工廠中採用最新的英國紡紗機，不久前才在曼徹斯特這個工業革命時期的矽谷，設建第二間工廠。但身爲人父的他，無法接受長子、同時也是家業繼承人，成爲職業煽動家和自由記者。一八四二年春，全球紡織業在憲章運動者罷工之後崩盤潰散，他堅持要恩格斯在服完兵役後到曼徹斯特的厄曼—恩格斯公司（Ermen & Engels）報到。

恩格斯一直夢想透過各種方式打倒權威，順從父命並不表示他就此死了心。曼徹斯特工人的戰鬥力無人不知，恩格斯相信產業糾紛是更爲廣泛的暴動的前奏，自然非常樂意前往重頭戲上演的所在，把握如此良機推展寫作事業。

恩格斯在十一月前往英格蘭途中，先到科隆拜訪了民主刊物《萊茵報》（*Rheinische Zeitung*）髒兮兮的辦公室，他偶爾會以署名「X」投稿。當時刊物的新編輯是個來自特里爾（Trier）的哲學家，為人粗魯、抽雪茄、嚴重近視，對恩格斯很無禮。恩格斯沒有生氣，得到的回報是被指派就英格蘭革命的未來撰寫報導。

◆　◆　◆

當恩格斯抵達曼徹斯特時，大罷工已逐漸結束，軍隊已返回倫敦兵營，但街頭角落仍有失業者晃蕩，許多工廠也仍在停工狀態。恩格斯雖相信工廠老闆寧可讓員工挨餓，也不願負擔讓工人足以維持基本生活所需的工資，同時卻也注意到英國工廠的員工吃得比德國工人好太多了。以他們家族在巴爾曼（Barmen）的紡織廠為例，工人幾乎只吃麵包和馬鈴薯。「這裡的工人則是每天吃牛肉，同樣的錢能比德國最有錢的人買到更具營養的肉片。一天喝兩次茶，還有剩餘的錢能在白天喝杯黑啤酒，晚上喝白蘭地加水」。

誠然，失業的棉花工必須求助濟貧法和私人免費食堂，以免「完全挨餓」。查德威克（Edwin Chadwick）在當時剛出版的《英國勞動人口的衛生狀況》（*Report on the Sanitary Conditions of the Labouring Population of Great Britain*）顯示，曼徹斯特的男性平均壽命僅十七歲，為臨近村莊的一半，而且僅有半數的嬰兒能活過五歲。查德威克生動描述街頭被當成下水道，房子潮濕發霉，食物腐壞，到處是酒鬼，顯示英國勞工有太多理由可以不滿。卡萊爾這個唯一讓恩格斯崇敬的英國人，警告勞工階級可能會起身叛亂，但恩格斯發現，英國多數中產階級認爲這個可能性很低，對未來抱持著「相當的平靜與信心」。

恩格斯在新家安頓好之後，便以典型的維多利亞作風解決家族要求和他個人改革抱負之間的衝突，這個方式亦即維持雙重生活。當他在辦公室或和其他資本家相處時，很像「活力充沛、好脾氣、愉快」的茄利伯（Frank Cheeryble），這是狄更斯的《尼古拉斯·尼克貝》（*Nicholas Nickleby*）書中「老闆的姪子……在德國管理四年之後……來參與事業的經營」。恩格斯就像小說裡年輕有魅力的商人，穿著打扮無懈可擊，參加許多俱樂部，喜歡宴客，自己養馬以方便到朋友的地產上獵狐。但在另一個「眞實」的生活裡，他會「拋開公司與飯局，葡萄酒與香檳」，兼差組織憲章運動並擔任調查記者。恩格斯受到英國改革家勇於揭露爭議性事實的激勵，經常在一個和他交往的愛爾蘭文盲女工陪伴下，利用空餘時間去認識曼徹斯特，希望能夠「像對自己的家鄉一樣熟稔」，收集材料後撰寫戲劇化的專欄及散文，投稿到各家激進的報紙。恩格斯在英格蘭接受二十一個月的管理訓練，讓他發現了經濟學。德國的知識分子過度關切宗教問題，英國人則似乎把所有的政治或文化問題全變爲經濟問題；在曼徹斯特尤其如此。曼徹斯特是英國政治經濟、自由黨以及「反穀物法聯盟」的重鎭。對恩格斯而言，曼徹斯特代表工業革命、工人階級的戰鬥力、「自由放任主義」（laissez-faire）的交互影響。他日後回憶，在這裡「我無法不注意過去曾被歷史學家忽略或至少低估的經濟因素，對現代社會發展所具的決定性影響」。

恩格斯對自己未受過大學教育深感挫折，尤其對史密斯、馬爾薩斯、李嘉圖（David Ricardo）及英國其他政治經濟學家之作太過無知，但他仍舊全然相信英國的經濟學有嚴重瑕疵。他在離開英格蘭之前最後所寫的一篇文章裡，匆匆草擬另一套理論的基本元素，謙稱這項初步的成果爲《政治經濟學評論綱要》（*Outlines of a Critique of Political Economy*）。

隔著英倫海峽另一邊的聖日爾曼昂萊（St. Germain-en-Laye），在這巴黎最富裕的郊區，馬克思正埋首研讀法國革命的歷史。當恩格斯最後的文章寄達時，他立刻被拉回到當下，震驚於恩格斯「對經濟事物的精彩評論」。

馬克思也是在布爾喬亞父親蔽蔭下揮霍生活的浪蕩子，同樣自認是困在庸俗時代的知識分子。他與恩格斯一樣對德國的知識與文化抱持優越感，欣賞法國的一切，極度憎惡英國的財富與勢力。但馬克思在許多方面卻又和恩格斯恰恰相反。馬克思跛扈、衝動、嚴肅、博學，完全沒有恩格斯的能言善道、靈活應變或開朗親切。馬克思只比恩格斯年長兩歲半，不僅已婚，剛生下一個女兒，還是哲學博士，而且堅持要別人以此頭銜稱喚。馬克思身材短小精壯，幾乎像拿破崙一樣，臉頰、手臂、鼻子、耳朵全長滿濃密的漆黑毛髮。「他的眼睛閃爍著聰明、但不懷好意的光芒」，如同他在《萊茵報》的助理後來的回憶，他和人談話最喜歡以這句話開頭：「我要擊潰你。」爲他作傳的以薩亞・柏林（Isaiah Berlin）說：「馬克思最顯著的一項特質是……對自身特質與能力充滿信心。」

恩格斯務實有效率，馬克思則是被蕭伯納（George Bernard Shaw）形容爲，「沒有行政經驗」或任何「和活人往來的經驗」。他確實很聰明博學，但完全沒有恩格斯認眞工作的精神。恩格斯隨時準備捲袖爬格子，馬克思則較常被人看到在咖啡廳內邊喝酒邊和俄國貴族、德國詩人、法國社會主義者辯論。他的一位資助者曾說：「他讀了很多書，做起事來極度認眞……但從沒完成任何事。做任何研究都一再中斷，投入另一片書海……他比任何時候都更加激動、暴戾，特別是當他工作到生病，連續三、四個晚都沒上床睡覺時。」

由於無法在德國某所大學謀得學術職位，馬克思不得不轉向新聞界發展，長久以來一直受拖累的家人終於切斷對他的金援。他抱怨科隆的報社，「這裡的空氣就足以把人變成奴隸」，工作才半年便和普魯士審查員爭執而辭職。所幸他說服一位有錢的社會主義者，資助創辦一份新的哲學刊物《法德年鑑》（*Franco-German Annals*），同時指派他到他最喜歡的巴黎去經營。

恩格斯寄自曼徹斯特的報告強調經濟因素與政治效果之間的關聯，讓他受到相當大的衝擊。此時，經濟學對馬克思而言十分新穎，無產階級、勞工階級、物質條件、政治經濟學等名詞都還未出現在他的通信裡。如同他在寫給贊助者的信裡所說的，他預見「與市儈主義爲敵的人將聯合起來，亦即有思想、受苦的所有人」。不過，馬克思的目標是改革思想，不是廢除私產。他在第一期、也是唯一一期的《法德年鑑》裡明白表示，自己意在大力批評當權者，而非提供鋪路磚：「每個人都必須承認，我們對將來應如何發展並無確切概念。但這個缺陷對新運動是有利的，這表示我們並不是憑自己的信念去預期新世界應該如何，而是嘗試透過批評舊世界以發現新世界。」

他又說：「我們只須告訴世人他們爲何受苦……我們的計畫應該是改革思想，幫助世人釐清自我的努力與希望。」他的角色就像牧師一樣：「此刻最需要的是**告解**，沒有什麼能比告解更重要的了。人類的罪衍若要獲得寬恕，只須誠實坦白。」

馬克思與恩格斯的初次眞正見面，是一八四四年八月在攝政王咖啡館。恩格斯返德途中特意停留巴黎，爲的就是和那個先前斷然拒絕他的無禮之人見面。兩人連續十天談話、辯論、喝酒，屢屢發現彼此的想法竟如此相似。馬克思和恩格斯一樣，深信改革現代社會已完全無望，德國必須從上帝與傳統權威中解放。恩格斯介紹他認識無產階級的概念，馬克思立刻對這個階級產生認同。他眼中的無產階級不只是一般以爲的「自然產生的窮人」，更是「肇因於社會徹底瓦解……人為造成的貧窮大眾」，失去土地的貴族，破產的商人和失業的學術人士。

如同卡萊爾和恩格斯，馬克思認爲飢餓與叛亂是布爾喬亞不適合統治的明證：他預測「絕對無法迴避的**需要**」將趨使無產階級起而推翻壓迫者。透過廢除私產，無產階級不僅能讓自己自由，也能解放整個社會。就像歷史學家希梅爾法布（Gertrude Himmelfarb）的觀察，維多利亞時代相信現代社會已病入膏肓的，絕對不只恩格斯與馬克思兩人而已。他們和卡萊爾及其他社會批評者最主要的差異，在於強調現有的社會秩序必將崩壞。恩格斯和馬克思雖致力擺脫新教的教條，卻相信他們預測的經濟崩壞和暴力革命是無可逃脫的命運，或可說是上天注定。卡萊爾的末日說是爲了激發懺悔與改革，他們則是鼓勵讀者快站到歷史對的這一邊，以免太遲。

恩格斯在《一八四四年英格蘭勞工階級的狀況》（*The Condition of the Working Class in England in 1844*）中，提出一個雖未正確，但極有力的論點，指出英格蘭工業的勞工通常生活在半飢餓狀態，饑荒驅使他們在一八四二年起而反抗工廠雇主。但他的新聞性描述無法證明的，是勞工不穩定的生活無可改變，而唯一的解決之道就是推翻社會，以及實施憲章運動者專政。恩格斯在這一點上一直無法辯贏英國友人，也是他一直督促馬克思承擔的挑戰。他向馬克思解釋，社會與道德問題在英格蘭正重新被定義爲經濟問題，社會批評家被迫必須了解**經濟**的現狀。正如德國哲學家黑格爾（Georg Hegel）的門徒利用宗教把宗教從神聖的高位拉下，揭發德國統治菁英的虛僞，他們也必須利用政治經濟學的原理，突顯英國可恨的「金錢宗教」是多麼虛妄。

這兩位新結交的朋友告別後，恩格斯回到德國，大力指控英國企業家階級，同時連帶暗示德國的企業家階級「大規模觸犯殺人搶劫及其他罪行」。在家族棉紗廠工作的經驗證實了恩格斯的感受：商業的確是「污穢的」。他「從沒見過有哪個階級像英國的布爾喬亞這麼嚴重失德、自私墮落得如此無可救藥，內在如此腐敗，如此缺乏進步的能力」。他稱曼徹斯特的商人是「討價還價的猶太人」，指責他們一心鑽研「政治經濟學與致富學」，只管底下勞工能否創造利潤，眼裡只有錢，而無視他們乃至任何人的苦痛。英國上層階級的「唯利是圖」就和「吸乾窮人的血」之後再施捨的「虛僞的慈善」一樣可厭。隨著英國社會愈來愈「分裂成富豪與窮人」，即將到來的「窮人對抗富人之戰」將會是「有史以來最血腥的戰爭」。恩格斯下筆行文一如開口說話，同樣快速、流暢，不到十二週就完成稿子。

期間，恩格斯一直催促馬克思「一定要試著完成你的政治經濟學作品……務必盡快交出」。他自己的書則於一八四五年七月於德國萊比錫出版，這本《一八四四年英格蘭勞工階級的狀況》頗獲好評，作者在書中正確預測「一八四六或四七年」將發生經濟與政治危機，更增添該書的預言力；不過在此之前，這本書就已賣得不錯了。馬克思承諾將在一本巨著中揭露「現代社會的流動法則」，但這本《資本論》（*Das Kapital*）還要再過二十年才會問世。

一八四九年，倫敦《晨間記事報》的記者梅修（Henry Mayhew）爬上聖保羅教堂頂上的金色迴廊，俯瞰他的家鄉，發現「根本分不出天空的盡頭與城市的起點」。倫敦在十年內以近百分之二十的速度成長，「完全不符合任一已知的法則」。到了十九世紀中，倫敦人口爆增至二百五十萬人，人數超過兩個巴黎、五個維也納或是八個英國第二大城的總和。

倫敦是「十九世紀經濟奇蹟的縮影」。倫敦池（Pool of London）是世界最大也最有效率的港口。早在一八三三年，霸菱銀行（Barings Brothers Bank）的一位合夥人便觀察到，倫敦已成為「商業運轉的核心」。倫敦的水船塢占地數百畝，成了一大觀光景點，其中因素之一是船塢地下有十二畝的酒窖，讓觀光客能品嘗到波爾多酒。當地融合刺鼻的香菸、強烈的蘭姆酒、讓人做嘔的牛皮牛角、芳香的咖啡與香料的氣味，讓人聯想到龐大的全球貿易、源源不絕的外來勞工和無遠弗屆的帝國版圖。

「我見過最壯麗的景觀是泰晤士河從海口到倫敦橋那一段」，一八四二年恩格斯初見倫敦時坦承：「大片的建築物，兩旁的碼頭，尤其是從伍利奇區（Woolwich）往上，沿著兩岸航行的無數船隻，愈擠愈近，直到最後河中央只剩狹窄的通道，數以百計的汽船快速擦身而過；這一切如此廣闊、壯觀，令人激動到難以自已。」

藝術史學家約翰．拉斯金（John Ruskin）說：倫敦的火車站「遼闊勝於巴比倫城牆……壯觀勝於艾菲索斯神廟（temple of Ephesus）。」狄更斯在《董貝父子》（*Dombey and Son*）裡也說：「懾人的引擎聲日夜轟隆。」旅人可從倫敦出發，往北到蘇格蘭，最東可至莫斯科，最南到巴格達。同時，火車也將倫敦的邊界不斷往周遭的鄉下推移。如同狄更斯所描述的：「無用的荒地原本堆積垃圾，漸被吞噬消失；霉臭味消失了，代之而起的是堆滿各種產品與昂貴商品的成排倉庫。過去通往無何有之鄉的橋梁如今通往別墅、花園、教堂與公共健康步道。房屋的梁架，新的通衢大道，以蒸氣般的速度沿著鐵路開展，以如同龐然巨獸般的行列衝向鄉村。」

世界貿易的金融心臟在「倫敦金融城」跳動。說話不慣誇大的金融家羅斯柴爾德（Nathan Mayer Rothschild）稱倫敦爲「世界的銀行」。商人到這裡籌措短期借款以滿足全球貿易的資金需求，政府到此出售公債以興建道路、運河和鐵路。倫敦股市才剛成立不久，倫敦金融城的商人與票據貼現商吸引到的「可貸資金」是紐約的三倍，巴黎的十倍。銀行家、投資者和商人對資訊的飢渴，有助倫敦變成世界的媒體與通訊中心。一八五一年，電報問世，讓羅斯柴爾德的飛鴿傳書網絡被淘汰，難怪他要抱怨「任何人都能取得消息」。

當時，全世界工業最密集之處不是英國北部的新工業城區，而是倫敦。這裡雇用了全英格蘭六分之一的製造工人，人數將近五十萬。這大約是曼徹斯特棉織工人數的十倍。英國詩人布萊克（William Blake）在《耶路撒冷》（*Jerusalem*）裡描述的「黑暗邪惡工廠」，可能不在英格蘭北部的苦鎮（Coketowns），而在倫敦的泰晤士河畔，就像雇用五百名勞工、使用瓦特發明的巨型蒸汽引擎的超大麵粉廠。一本在一八五〇年代極受歡迎的旅遊指南介紹倫敦的「水廠、煤氣廠、造船廠、皮革廠、啤酒廠、酒廠、玻璃廠，規模之大會讓初次造訪者大爲驚異」。的確，倫敦沒有紡織這類單一主要產業，多數製造業雇用人數不到十人，但像是位在艦隊街（Fleet Street）的印刷業、肯頓（Camden）的精密儀器和油漆業、托登罕路（Tottenham Road）的家具製造業，這樣的整體產業都集中在倫敦。波普拉（Poplar）與密爾瓦（Millwall）的大造船廠雇用一千五百個年紀長幼皆有的男子，建造當時最大的汽船與鐵甲戰艦。里茲（Leeds）與新堡（Newcastle）等工業城提供英格蘭出口物品的大宗，倫敦的製造業則多半滿足倫敦本地的需求。旺斯瓦（Wandswork）有麵粉廠，白教堂（Whitechapel）有煉糖廠，齊普賽街（Cheapside）有啤酒廠，史密斯菲爾德（Smithfield）有牛市，柏蒙西（Bermondsey）有皮革廠、蠟燭與香皂廠。梅修稱倫敦是世界「最繁忙的蜂巢」。最重要的，倫敦是世界上最大的市場。在這裡能以「最低的價格與最方便的方式買到便利、舒適和各種設施，即便最富裕、最有權的君王的能力也未能及」。在繁榮的倫敦西區，「從窗戶玻璃到狗項圈，一切似乎都閃閃發亮」，「因爲世上最大的社會出現在此，讓空氣都變得多彩多姿，甚至芳香起來」。攝政街上集結了世上最多樣的「製錶、男飾、攝影、流行文具、流行襪子、流行女用緊身衣、音樂、圍巾、珠寶、法國手套、香水、針繡花邊、點心、女帽等商店」。

梅修很敏銳地將倫敦的「商業蓬勃」歸因於「當地商業人口達到前所未有的普及程度，因而集結了龐大的財富」。《經濟學人》（*Economist*）聲稱，「帝國最富有的人都湧向倫敦。這裡的生活水平最高，房租最貴，賺錢的機會也最多」。六分之一的英國人住在倫敦，全國收入的占比更高。倫敦的收入平均比英國其他城市高出百分之四十，不僅因爲該城的居民較富裕，也因爲這裡的薪資至少比其他地方高出三分之一。人口眾多，收入又高，使得倫敦成爲當時世界消費需求最集中之處。經濟史學家柏金（Harold Perkin）認爲，「消費需求是工業革命最重要的關鍵」，提供的動力比蒸汽引擎或紡織機的發明更爲強大。倫敦的需求、對新奇事物的熱情、消費力的增長，這些都讓企業家有更強的誘因去採用新技術，開創新產業。

如果說倫敦吸引了世上最富有的人，它同時卻也吸引了廣大的赤貧階級。梅修說「前所未有的大批人群被財富吸引到此」，他指的不只是特別迎合富人需求的零售店老闆、商人、律師、醫生，還有大批來自鄰近鄉村的無技術移工，到城市當僕人、裁縫、鞋匠、木工、碼頭工人、散工、信差，要不然就淪為小賊、撿破爛或娼妓。隨著中產階級遷居郊區，加上一般認為倫敦是未來社會的先聲——這點在觀察家眼中更重要——貧富並存的現象格外突顯。貧窮問題當然自古就有，但在鄉下，飢寒、疾病、無知似乎是自然造成的。反觀在世界的重要首都，貧苦則像是人為的，幾乎說不出個道理。解決貧窮的方法不就擺在眼前、明明白白顯示在那些典雅豪宅、精緻華服、漂亮馬車和奢華娛樂中嗎？並非如此。只是在天眞的旁觀者眼中看來似乎就是如此。他們完全不了解，讓窮人吃一、兩天蛋糕根本無法解決根本的問題，也就是要有足夠的麵包、衣服、燃料、住居、教育與醫療，好讓多數英國人擺脫貧窮。不少人和梅修一樣，天眞地以為在那成排的石磚倉庫、「大百貨商場」裡明明有很多物資，「不就應該已足夠讓全世界的人都變富有」。

記者、藝術家、小說家、社會改革者、牧師及其他想要多了解社會的人都被吸引到倫敦，認為那裡是「世界的縮影，能對任何事物進行第一手研究」。他們到倫敦觀察社會發展的方向。十八世紀的人到處參訪的重點可能是罪惡與污穢，維多利亞時代群集倫敦的人則往往驚異於貧富兩極。

狄更斯在《荒涼山莊》（*Bleak House*）書裡說，這個全球最大、最富有的都會，空氣品質最糟的月份是十一月。一八四七年十一月二十九日，恩格斯與馬克思辛苦地沿著大風車街（Great Windmill Street）朝皮卡迪利（Piccadilly）走，低著頭極力避免在深及腳踝的泥地滑跤，或被人群踩到。兩人都高度近視，加上硫磺般的黃色濃霧籠罩，一呎以外的景物全都模糊一片。

恩格斯依舊像軍校學員一樣筆挺，馬克思也仍是一頭黑髮與濃鬚，兩人到倫敦參加「共產主義者同盟」的聚會，那是組成分子複雜的眾多小團體之一，成員包括中歐烏托邦主義者、社會主義者、無政府主義者、較罕見的憲章主義者與偶爾出現主張男性選舉權的倫敦東區職員，這些人因為在英國享有相對安全的公民自由和寬鬆的移民法而如魚得水。鐵路的興建盛況在不久前崩跌，造成倫敦與歐陸的金融恐慌；該同盟倉促集會，希望能推敲出迄今仍有些模糊的目標。恩格斯已說服該組織放棄「四海皆兄弟」這個溫吞口號，改採更有力的口號：「全世界無產者，聯合起來！」他草擬出一份雙版本的宣言，他和馬克思都希望同盟能採用這份宣言。同盟的領導階層中有些人相信，無須推翻現有秩序也可解決勞工的不滿，恩格斯和馬克思曾討論過如何排除這些阻力。他在早先寫給馬克思的信中誓言：「這次我們一定要成功。」

他們終於走到了蘇活區的紅獅酒吧。「德國勞工教育聯合會」是這個非法同盟的一個幌子，總部就位在二樓。房間裡有幾張木桌木椅，角落擺了一架平臺式鋼琴，目的是讓坐困在倫敦這個「音樂沙漠」的柏林與維也納難民有點家的感覺。空氣裡有毛衣的濕氣、廉價香菸和溫啤酒的氣味。恩格斯與馬克思在那十天裡主導了整個議程，在陰謀與猜忌的氣氛中如魚得水，悠游自如。

期間，馬克思宣讀恩格斯草擬的宣言。一位代表記得馬克思堅定的邏輯，還有他「嘲諷翹起嘴角」的神氣。另一位記得馬克思說話時口齒不清，他說「勞工」，竟然有人聽成「八葉苜蓿」。有些代表排斥恩格斯與馬克思，批評他們是「布爾喬亞的知識分子」。但十天之後，「所有的反對勢力全被克服了」。

與會者投票決定採用他們的宣言，宣示組織的主張是「推翻布爾喬亞，廢除私產，消除繼承權」。馬克思自己用掉了不少家族遺產，但還是和以前一樣再度破產，他被指派為共產主義者同盟號召起義的宣傳擬稿。

恩格斯希望該宣傳是「簡單的歷史陳述」，建議稱為《共產黨宣言》（*The Communist Manifesto*）。他認為敘述現代社會的起源很重要，如此才能證明為何社會注定走向自毀。在他想像中，《共產黨宣言》類似聖經的《創世紀》與《啓示錄》揉合爲一。

在恩格斯介紹馬克思認識英國政治經濟學三年後，馬克思已自稱爲經濟學家。他並吸收了開始在經濟學裡散播的演化理論。馬克思就像黑格爾的其他左翼信徒，認爲社會是演化的有機體，而不只是一代傳一代的複製而已。

他要證明，工業革命不僅是新科技的採用與生產大躍進，更創造了大城市、工廠與運輸網絡。工業革命推動龐大的全球貿易，讓全球互相依賴、而非一國自給自足的現象成爲常態，同時讓經濟活動有了繁榮與蕭條循環交替的新模式，將舊社會群體從根拔起，創造出從富豪工業家到都市貧窮勞工的各種全新群體。

十幾個世紀以來，隨著帝國興衰，國家財富增減起伏，地球上分散的稀少人口增加得很少。基本上維持不變的，是人類的物質環境使得絕大多數的人只能過著悲慘的生活。但在兩、三個世代之間，工業革命讓國家財富的增長不是以百分比計，而是倍數成長，同時也挑戰了「人類的生存只能受制於自然條件及其嚴酷考驗」的最基本假設。希臘神話中的普羅米修斯從神那裡盜火給人類，工業革命則是鼓勵人類奪取掌控權。

相較於同時代的多數人，恩格斯與馬克思更清楚看到他們成長的時代有多麼新奇，也比其他人更熱衷探究其意義。他們相信現代社會的演變速度比過去任何時代都快，意識到社會正在改變，而且是可以改變的，這就像傳統事實與舊有智慧的天空出現一道裂縫，套用馬克思令人難忘的用語，彷彿「一切固體都融入空中」。當然，他們之所以會有如此鮮明的感受，是因爲兩人等於是以外國記者的身分來到英國，而且來自的國家尚未發生工業革命。從德國的特里爾和巴爾曼到倫敦，在時間上是一趟前進的旅程。也許除了狄更斯之外，幾乎無人像他們一樣，對見證到的眼前現象既興奮又厭惡。他們聲稱鄙視英國「庸俗」的商業文化，但又羨慕當地的財富與勢力。在英國的觀察讓他們深信，現代世界的政治勢力增長不靠槍砲，而是仰賴國家經濟優勢和企業家階級的活力。

英格蘭是橫跨現代世界的龐然大物。恩格斯也承認，「如果要談哪一個國家**做得**最多，無人能否認是英國」。工業和貿易讓英國成爲世界最富國。從一七五〇至一八五〇年，英國每年生產的產品與服務的總值——GDP增加三倍，百年間的成長幅度超過先前一千年。《共產黨宣言》強調，這種恩格斯與馬克思相信的前所未有的爆炸性生產力，將決定現代的政治勢力：

> 資產階級在不到百年的統治間，所創造的生產力比過去數代總和更加廣泛、龐大……首度突顯出人類活動的潛力，達成的驚人成就遠勝埃及金字塔、羅馬水道與哥德教堂；相較於資產階級拓展的疆域，過去所有國家的大遷徙與改革運動都相形失色。

兩人毫不懷疑英國的生產力會繼續以倍數成長，但他們深信其分配機制有嚴重的瑕疵，最後必將導致整個系統崩壞。儘管財富增加驚人，屬於勞工階級的四分之三英國人的生活水平仍然非常低，只有極些微的改善。依據克拉克及其他經濟史學家最新的估計，一七五〇至一八五〇年間，薪資從極低的水準增加了約三分之一。誠然，由於英國人口增加三倍，如今勞工階級人數增加許多，而且也不像德國或法國的勞工那麼悲慘。

但某些領域的進步卻被其他地方的退步抵消了。其一，薪資增加多發生在一八二〇年之後，增加的部分大多歸諸工匠與工廠技工。包括農工在內的無技術勞工的薪資即便有任何提升，幅度也很少，而且就如馬爾薩斯擔憂的，會因家庭規模變大而抵消。由於製造、建築業有繁榮與蕭條的循環，就業變得更不穩定。此外，工時更長，妻兒可能也得工作。

環境惡化使得都會勞工的生活水準更加低落。人口大量從鄉村移居都市，而當時還未發現細菌致病論，垃圾收集、下水道、乾淨的用水也都仍未普及。英國鄉下雖然較貧窮，但平均壽命大約四十五歲，高於曼徹斯特或利物浦的三十一或三十二歲。髒污與營養不良在較不具感染性的環境自然較不易致命。當時像利物浦這樣的城市規模以每十年百分之三十一至四十七的速度擴大，傳染病的威脅經常存在。即使是最富有的人也無法免疫，例如維多利亞女王的夫婿亞伯特王子便是死於傷寒，但營養不良與擁擠確實會讓風險倍增。十九世紀上半，人口加速移入城市，一般勞工的健康不再隨收入增加而改善，甚至反而更加惡化。從一七八一到一八五一年，出生時的預期壽命從三十五歲提高到四十歲，但在一八二〇年代，粗死亡率（raw death rates）不再下降。許多都會教區的嬰兒死亡率都提高了，一八三〇年代與一八四〇年代出生的男性身高也下降；童年的營養狀況可依據身高推測，而營養狀況會受疾病與食物影響。

反動派與激進派都懷疑英國是否受到希臘神話中米達斯王點石成金的詛咒。卡萊爾痛斥：「英國的工業很繁榮，創造眾多財富，卻沒讓任何人變富有；這是受詛咒的財富。」經濟史學家湯恩比（Arnold Toynbee）認爲，十九世紀上半「與任何時期同樣悲慘，同樣糟糕。因爲財富大增的同時，貧窮也隨之大增；自由競爭雖帶來大規模的生產，卻也導致階級快速疏離與眾多生產者向下沉淪」。

誠如英國最重要的哲學家米爾所指出，過去「較低階層的人」因法律、稅捐、合約的束縛無法離開特定的鄉村、職業與主人，隨著這些限制逐步鬆綁，社會流動率得以提高，「人類的命運不再在出生時就被決定……而能自由發揮才能與把握良機，追求他們認爲最好的未來」。但就連米爾這樣具有強烈社會主義同情心的自由意志論者，也不認爲多數英國人的幸福能有多少改善：「到目前爲止有那麼多的機械發明問世，這些眞的減輕了任何人日日辛勞的工作嗎？實在可疑。」

因此，在愛爾蘭發生馬鈴薯饑荒隔年，《共產黨宣言》的兩位作者重述恩格斯先前的論點，指出人民的生活隨著國家財富與勢力增強，反而變得更差：「現代的勞工……並未隨工業進步而崛起，反而愈來愈落到同階級的水平之下。勞工成了窮人，貧窮問題惡化的速度比人口和財富還快。顯然資產階級已不適合擔當社會的統治階級……無產階級除了身上的鎖鍊，沒什麼東西可損失。但他們能贏得全世界。**所有國家的勞動者，聯合起來吧！**」

馬克思因為發表了諷刺普魯士君主的文章被逐出法國，食指浩繁的家庭和僕人都住在比利時，家庭用度仰賴出版商給他的經濟論文的預付款。馬克思在倫敦待了一個月後，回到布魯賽爾的郊區別墅，立刻延後《共產黨宣言》定稿的寫作計畫，投入一系列談論經濟剝削的演說。一月份，同盟的幹部威脅要將宣言寫作任務移交給其他人，他才終於拿起筆來。共和主義者與國民衛隊在巴黎對戰的消息傳到大風車街之前，他的半完成的定稿寄到了。二月二十一日，同盟以德文寫成的《共產黨宣言》印了一千份，送到德法邊界，結果全數立刻被普魯士當局沒收，只留下一份。

馬克思與恩格斯不耐煩地等待最後決戰時刻到來。就像許多十九世紀的浪漫主義者，他們看到自己「生活在危機四伏與災難將至的氣氛裡」，**任何事**都可能發生。《啓示錄》的作者拔摩島的約翰（John of Patmos）為他們提供現了代社會與《共產黨宣言》的結局——社會將分裂成兩大敵對陣營，發生最終決戰；羅馬滅亡，被壓迫者獲得正義，壓迫者被審判，歷史走到終點。

但歷史並未在一八四八年終結。那一年的法國革命沒有導向社會主義甚或普及男性選舉權，而是帶來拿破崙三世的統治。法蘭西第二共和成立，馬克思立刻被逐出比利時，幾週後他在巴黎找到避難所，卻又再遭法國當局迫害。法國警察威脅要將他放逐到距首都數百里的一處沼澤滿布、疾病蔓延的村子，馬克思以健康為由拒絕，同時開始尋覓願意收留他的國家。一八四九年，馬克思搬到倫敦這座「外國逃難者的拔摩島」、前法國國王菲利普（Louis Philippe）和無數政治流亡者的家。馬克思安慰自己，這只是暫時的。

馬克思到達倫敦時，正好碰到倫敦史上最可怕的霍亂流行。等到疫情緩和時，已有一萬四千五百名大人小孩喪命。這場傳染病促使記者梅修開始對倫敦的窮人進行一系列引人注目的新聞報導。與父親關係不睦的梅修原希望成為科學家，他長得胖胖的，活力充沛又很有人緣，不過金錢觀卻無可救藥。梅修曾當過演員、創辦過幽默雜誌《潘趣》（*Punch*），三十七歲時仍未完全從羞辱的破產中重新站起，他因此失去倫敦的房子，還差點坐牢。他花了幾個月的時間努力寫低級趣味的小說，書名往往充滿自嘲意味，例如《點石成金的天才》（*The Good Genius That Turned Everything into Gold*），梅修看到東山再起的機會。

梅修在《晨間記事報》發表八十八篇報導，帶著讀者到「霍亂之都」挨家挨戶參訪。雅各島（Jacob's Island）是南倫敦伯蒙西（Bermondsey）區特別惡名昭彰的一角，坐落在泰晤士河之南，因狄更斯的《孤雛淚》而不朽。梅修向讀者保證，將「依據每個人可以、不能、或不願工作的情形」聳動地描繪該區居民；他保證，他絕非「憲章主義者、保護主義者、社會主義者或共產主義者」，這是事實，他「只是事實的收集者」。他帶著一群助理和固定雇用的司機，全力投入實地採訪；看到的房子有「怪異的木板走道……從破洞能看到底下的爛泥；破損、修補的窗戶，伸出桿子好晾曬衣物，但他們根本沒有多的衣物可曬；房間又小又髒又侷促，即使在那樣髒污的環境，空氣都還更糟糕」。

梅修發現，倫敦的勞動人口絕非單一階級，而是各種特色不同的群體混雜而成。他的報導把重點放在幾種製造業上，忽略了倫敦最大的單一職業——為數十五萬的家僕，這個數字足以顯示富人對倫敦的經濟有多重要；梅修對近八萬的建築工人也沒興趣，這些人受僱建造鐵路、橋梁、道路、下水道。歷史學家瓊斯（Gareth Stedman Jones）解釋，倫敦的勞動市場是極端的綜合，一方面吸引到迎合富人需求、收入較其他城鎮高出四分之一到三分之一的高技術工匠，以及構成「較低」中產階級的職員與零售店老闆；另一方面，源源不絕的無技術勞工也爲倫敦帶來繁榮。倫敦勞工的薪資通常比外地高，但生活水準較低，因爲白教堂、史戴普尼（Stepney）、波普拉、貝斯諾格林（Bethnal Green）、薩瑟克（Southwark）等城區的住居過度破舊且擁擠；這種情況在一八四〇年代的國會委員會已有詳細紀錄。職員、銷售員及其他白領負擔得起新的公共汽車或火車車資，紛紛逃往快速成長的郊區。無技術的勞工別無選擇，只能留在走路可達工作地點的地方。

來自鄉鎮與其他國家的競爭讓倫敦的業者不斷承受壓力，得想盡辦法節省勞工成本。因此便生成通常由勞工在自家進行的按件計酬制，這個制度就是特別爲了留住製衣、裁縫、製鞋等產業而生成，否則這些業者可能會因房租、經常開支、薪資太高而移出倫敦。瓊斯的結論是，倫敦的貧窮，連同其血汗工廠、過度擁擠、經常失業與仰賴慈善捐助，其實正是倫敦走向富裕的副產品。倫敦的快速成長導致地價、經常開支、薪資都高漲，高薪資吸引更多無技術勞工湧入，但也讓雇主不斷承受壓力而必須想辦法尋找更廉價的勞工替代。

倫敦的女裁縫正是這個現象的縮影，她們也是梅修筆下最具煽動味的故事主角。他保證「裡面敘述了人類史上前所未見的景象，前所未聞的故事」。梅修利用調查數據計算出倫敦共有三萬五千名女裁縫，其中二萬一千人在「較像樣」的製衣廠工作，包括從訂製店到以中產階級下層爲銷售對象的店鋪。梅修報導，其他一萬四千人則在「不道德」或血汗工廠工作。梅修指出，女裁縫按件計酬的費率「通常遠低於生存所需，爲了維生，幾乎得去偷竊、典當或出賣靈肉」。

梅修的角色比較像是主持人而非觀察者。十一月，他在某位牧師的協助下組織「被迫上街頭的女裁縫聚會」。他保證聚會絕對隱私，男性禁止參加，由兩位速記員逐字記錄。梅修在暗淡的燈光下發給二十五位女性入場券。她們上台，在鼓勵之下分享心中的悲傷與痛苦。牧師鼓勵她們暢所欲言，梅修很驚訝她們眞的照做：

接下來的故事可能是有史以來最悲傷與感人的。我得承認，可憐的瑪德琳，說這故事的人，她身心所遭逢的痛苦讓人難以承受。她身材高挑，長相清秀，五官端正。她掩面述說遭遇，哭得那麼大聲，我幾乎聽不清楚她的話。她以手遮眼，我看到眼淚從指間滲出。在我記憶中，從未見過如此深刻的傷悲。

梅修在《晨間記事報》的報導證實了卡萊爾對現代工業社會最大的恐懼，激發他對經濟學家的憤怒痛批：

說什麼供需法則、放任主義、自主原則、時間會解決一切；直到英國工業社會迅速變成一個散發物質與道德的毒素的巨大毒沼窟；靈魂與身體被活埋在**活生生的**恐怖受難地；一個世人不曾見過，通往冥界的神祕深溝。《晨間記事報》發揮了報紙鮮少發揮的功能，將這般景象帶到眾人眼前，理當在人人心中激盪出難以言喻的反思。

其中一種反思是喚起火山瀕臨爆發的意象。梅修的岳父，時任《潘趣》雜誌編輯的傑洛德（Douglas Jerrold）問朋友：「你讀過那幾篇揭露我們底下竟有那般悲慘的悶燒煉獄、讓人驚訝的文章嗎？得知一個階級如此受苦，別的階級卻是那樣貪婪、暴虐、吞噬他人的財富自利，眞讓人懷疑這個世界是否該繼續存在。」

一八五〇年，梅修在《晨間記事報》的「勞工與窮人」系列刊登了一整年。在大約半數文章發表之後，他吐露一項更大的終極目標，坦言想創造「新的政治經濟學，內容會略側重勞工訴求」。他對這項抱負的解釋是：「兼顧雇主與勞工的經濟理論是當代需求最切的。」

社會評論家卡萊爾的朋友米爾也是基於同樣的理由，在一八四八年發表《政治經濟學原理》（*Principles of Political Economy*），短短兩年內已成爲繼亞當．史密斯《國富論》之後最多人閱讀的經濟學書籍。

米爾在一八四五年愛爾蘭馬鈴薯饑荒期間構思這本書的內容，寫道「勞工的訴求已成爲當下最重要的問題」。時年三十九歲的米爾已愛戀泰勒（Harriet Taylor）許久，他形容這位不快樂的已婚知識分子「蒼白、熱情、一臉哀傷……儼然是浪漫故事裡的女主角活生生出現眼前」。泰勒的丈夫拒絕離婚，米爾爲此深感挫折，同時也益發同情泰勒的社會主義理念。

米爾在探討政治經濟學時，希望能克服卡萊爾與泰勒反對政治經濟學的理由。卡萊爾認爲政治經濟學「陰鬱、古板、悲觀，無法給現世或來世帶來希望」，泰勒則對勞工階級有偏見。米爾與狄更斯的看法相同，認爲特別需要「避免以僵硬、抽象的方式處理問題，以免像那些政治經濟學家一樣無法讓人信任」。他指責他們「讓不對的人爭功，而且往往獨占高尚慈善的評價」。

米爾無疑想到了李嘉圖，這位聰明的猶太證券經紀商與政治家，在三十七歲時改以經濟學爲第三事業。從一八〇九開始到一八二三年英年早逝之前，李嘉圖不僅重新組織了史密斯高明但表達鬆散的概念，改造成內在統一、定義精確的數學原則，還提出不少包括貿易不僅對富國有益，對窮國也有好處，以及走專精路線最有利國家繁榮的原創觀念。不過，李嘉圖所寫的《政治經濟學及賦稅原理》（*On the Principles of Political Economy and Taxation*）卻讓許多讀者反感，這不單是因爲他習慣用抽象詞彙傳達觀念，也因爲結論太過冷硬。李嘉圖的薪資鐵律認爲，薪資或許會因供需的短期波動而起伏，但總是朝僅夠維持生活的水準發展；他納入馬爾薩斯的人口法則，認爲實質薪資不可能出現任何有意義的成長。

米爾發現，李嘉圖、史密斯和馬爾薩斯皆大力主張個人的政治與經濟權利，反對奴役，堅決對抗保護主義、壟斷與地主特權。米爾自己支持工會、普遍選舉權以及女性財產權。面對飢餓四〇年代的經濟危機與社會動亂，他鼓吹廢除百分之五十的進口穀物稅。一般勞工至少要將微薄收入的三分之一用在餵飽自己和家人。米爾的預測很準確，一旦進口稅廢除，食物價格就會降低，實質薪資會提高，但就連他對勞工生活的改善幅度也非常悲觀。米爾就像卡萊爾，深信廢除穀物法只能多爭取一點時間，就像鐵路發明、開放北美大陸和加州發現金礦一樣。這些發展雖然都有幫助，但宰制這個世界的法則是無法改變的。

馬爾薩斯的人口法則、李嘉圖的薪資鐵律與報酬遞減法則——意指利用愈來愈多的勞工耕作同一畝地，增加的產量會愈來愈少——都認爲人口量會超過資源限度；國家若要增加財富，只能犧牲窮人，窮人注定在「得到科學的寶貴贈禮後……只會很快地耗用於愚昧繁衍更多平凡生命」。政府能做的只是創造條件，讓開明的自利與供需法則能有效率地運作。

對米爾而言，經濟受制於自然法則，不是人類的意志能改變的，正如人類無法改變地心引力。一八四八年，米爾在完成《政治經濟學原理》時寫道：「所幸價值的法則已無需現在或未來的作者釐清之處；這方面的理論已經完備」。

但並不是每個人都接受這個結論，梅修就是其中之一。在他看來，米爾未能將政治經濟學變成「快樂的科學」，亦即未能提升人類整體的快樂、自由或對環境的掌控。尤其米爾未能放棄薪資鐵律，更表示有再努力的必要。然而，梅修和同時代的任何人，終究未能挑戰此一經典薪資理論。不過，他對倫敦勞工深具意義的系列報導，成了年輕一代「社會調查者」的非正式指南。他們都受到梅修的激勵，也和他一樣，渴望探討現有社會在不推翻社會秩序的前提下能有多大改善。

一八四九年八月，和馬克思在霍亂疫情中抵達倫敦之時相距不到兩年，全世界似乎都湧向馬克思的避難地參觀萬國博覽會。這世界上的首場博覽會是另一位德國移民、亦即維多利亞女王的夫婿亞伯特王子的構想。馬克思當時和妻子珍妮、三名年幼子女以及管家同住在蘇活區某間店舖樓上的兩個簡陋房間內，對博覽會毫無興趣。他總是逃到大英博物館挑高圓頂閱覽室的G７座位。博物館裡幽靜一如教堂，馬克思不管報上興奮難抑地報導海德公園內的「水晶宮」的建造情形，埋首閱讀英國經濟學家馬爾薩斯、李嘉圖，以及米爾的父親詹姆斯．米爾（James Mill）的著作，在筆記本裡寫滿引述、公式和貶抑評語。他告訴自己，就讓那些庸俗之輩去膜拜資產階級的神廟吧，他絕不碰虛假的偶像。

一八五一年五月，馬克思已不再是夢幻的年輕大學生，成天穿著家居服縮在家裡寫十四行詩給伯爵的女兒，或是徹夜在咖啡館中飲酒的聲名狼藉的記者。在馬克思得到約拿大學（University of Jena）的函授博士學位之後，他在十年間把繼承自遠親的六千法郎意外之財全揮霍掉了。他辦了三份激進刊物，其中兩份只發行一期就倒閉，也從未在每份工作上待過數月。過去贊助他的恩格斯已有一本暢銷書出版，馬克思的代表作卻還不知在何處。他也有作品，不過多半是批評其他社會主義者的冗長辯論。三十二歲的他只是一個無業的流亡人士，要養一個食指浩繁且日漸沉重的家庭，時常被迫向朋友借錢或仰賴他人接濟。所幸他的守護天使恩格斯承諾會在自己的家族企業裡謀職，目的就是爲了讓馬克思能專注寫書。

另一方面，由於各國元首和其他重要人物齊聚倫敦，倫敦警察廳開始密切注意激進分子。根據一份普魯士官方間諜的報告，馬克思的主要威脅，是他破壞了《畢頓持家寶典》（*Beeton's Book of Household Management*）闡揚的持家標準：

馬克思住在倫敦最糟糕、因此也最便宜的地區。家裡有兩個房間，面向街道的是客廳，臥室在後。全屋內沒有一件乾淨完好的家具，所有的東西都已損壞或很破舊，而且全都覆滿半吋厚的塵灰，到處亂到極點。客廳中央有一張老式大桌，上面蓋著油布，堆滿了稿子、書報和小孩的玩具、老婆縫紉籃子的碎布、幾只斷了握把的杯子、刀叉、檯燈、墨水瓶、酒杯、荷蘭陶製煙斗、煙灰。簡而言之，所有的東西全都亂七八糟地擺在同一張桌子上。就算二手貨商要賣一堆奇特的零碎雜物，恐怕也會不好意思。

博覽會時期正是馬克思處於最低潮時。他雖然很愛妻子，卻不小心讓妻子的女僕兼女管家迪穆絲（Helen Demuth）懷孕。當時有孕在身的珍妮怒不可遏，三個月後生下一名多病的女嬰，迪慕絲生下的男嬰卻非常健康。馬克思的外遇早已在八卦的移民圈流傳，馬克思這時爲了平息「不足爲外人道的醜聞」，立刻將剛出生的兒子送到倫敦東區出養，從此不曾見面。他向朋友抱怨，「有些人在這方面很不善處理，讓人吃驚」。男孩的母親繼續留下來，如常照顧馬克思一家。家裡比以前更難忍受，馬克思每天早上急奔G7座位，待到關門。

一八五一年勞動節博覽會開幕之際，馬克思已開始懷疑，倫敦這個當代的羅馬是否會被自己的人民推翻。沒有憲章運動者去衝撞白金漢宮，倒是有四百萬英國人與數萬外國人湧入海德公園，參觀首屆世界博覽會。大量的人潮幫助了湯瑪士・庫克（Thomas Cook）創立觀光事業，也將各種背景的人聚攏在一起。在當時關於博覽會的眾多報導中。有一則說：「過往在英國從未有各種階級如此自由、廣泛地齊聚同一屋簷下。」對馬克思而言，博覽會就像羅馬統治者為了魅惑大眾所施玩的把戲。早先他在《新萊茵日報》的專欄寫道：「英國似乎是擊碎革命浪潮的礁石，法國的每一場社會動亂……不可避免被英國的資產階級和英國工商業宰制世界的力量所阻撓。」舉辦博覽會的目的是為了鼓勵商業競爭，亞伯特王子與博覽會的贊助者希望能有助促進和平，馬克思卻祈求發生戰爭：「唯有世界大戰能打破舊英國……讓無產階級掌權。」他認為，情勢愈糟糕，革命的希望愈濃。

但馬克思還是不願意完全排除「自一八四八年以來的生產力大躍進」可能導致更致命的新危機。他批評博覽會是「商品崇拜」，預測資產階級秩序「即將」崩毀。如同他和恩格斯在《共產黨宣言》所言：「因此，資產階級製造的最重要產品，就是自己的墳墓。」

馬克思和時間賽跑，唯恐被「無可避免」的革命趕上，開始賣力撰寫他的啓示錄之書，「對『英國人所謂的政治經濟學原理』提出批評」。這場革命若不是發生在英國，那就將會在歐陸爆發。馬克思大部分時間都在大英博物館的閱覽室搜尋材料，準備撰寫他的曠世巨著。對於當代的兩大問題：「在現代的私產與競爭制度下，生活水準能有多少改善？」以及「能持久嗎？」馬克思**知道**答案必然是否定的，他的挑戰是如何證明。一八四四年馬克思開始研究經濟學時，並非打定主意要突顯資本主義下的生活有多糟糕。這點在這十年來的揭露眞相、國會委員會、社會主義的宣傳小冊已經做到了。馬克思最不想做的，就是如同聲稱「私產是竊盜」的普魯東（Pierre-Joseph Proudhon）之流的烏托邦社會主義者所爲的，從道德——亦即基督教的角度譴責資本主義。馬克思無意和他最喜歡的小說家狄更斯一樣，感化資本主義者；狄更斯夢想透過《小氣財神》達成這個目的。事實上，馬克思也早已拒絕接受任何上帝賜與的道德觀，堅信人類能制定自己的規則。

馬克思的傑作旨在「以數學的明確性」證明私產與自由競爭制度行不通，因此「革命是必要的」。他希望能揭露「現代社會裡的流動法則」。他將藉此揭露亞當．史密斯、馬爾薩斯、李嘉圖與米爾的理論是虛假的宗教，就像激進的德國宗教學者揭露聖經造假騙人。他決定著作的次標題將是《政治經濟學批判》（*A Critique of Political Economy*）。

馬克思的流動法則並不像雅典娜一樣誕生自他強大深思的心智，他的醫生朋友庫格曼（Louis Kugelmann）本以爲如此，因此送了一尊宙斯的半身大理石塑像給馬克思作爲聖誕禮物。[1] 把經濟理論初稿提供給馬克思的，其實是擔任記者的恩格斯，馬克思眞正的挑戰是證明該理論邏輯一貫，而且在實證上站得住腳。

馬克思和恩格斯在《共產黨宣言》裡，提出資本主義失靈的兩個理由。首先，創造的財富愈多，大眾就愈悲慘，「勞工命運惡化和資本累積成正比」。第二，創造的財富愈多，定期爆發的金融與商業危機就變得「愈廣泛，愈具毀滅性」。

《共產黨宣言》指稱「不斷減少的薪資」與「不斷增加的勞動負荷」是歷史事實，但在《資本論》裡，馬克思認爲「資本累積的法則」需要薪資下降、工時與負荷增加、工作條件惡化、勞工消耗的產品品質下降、勞工的平均壽命縮短。但他並未回頭再說關於經濟蕭條不斷惡化的第二項論點。

馬克思在《資本論》裡明確否定馬爾薩斯的人口法則，後者剛好也是探討薪資水準如何被限定的理論。馬爾薩斯在陳述他的法則時，假定薪資嚴格受到勞動力的規模影響；勞工增加意謂彼此的競爭加大，因此薪資會降低；勞工減少則會造成相反的結果。恩格斯在一八四四年的《政治經濟學評論綱要》中已指出反對馬爾薩斯的主要理由，亦即包括社會主義社會在內，任何社會都可能有貧窮的問題。

1 編注：希臘神話中的雅典娜，乃自其父天神宙斯的腦殼中迸生而出。

馬克思的理論架構建立在一項假定上：所有的價值，包括剩餘價值，都是由勞工投入的工作時數創造出的。「沒有丁點價值非因無償勞動而得」。他在《資本論》裡引述米爾的話佐證：

> 工具和原料就像其他的東西一樣，原本耗費的成本只有勞動力……雇用勞動力製造工具與原料，之後又雇用勞動力藉助工具去加工原料，加起來就是生產成品的總勞動力……**要取代資本**，就等於取代受僱勞動力的薪資。

經濟思想史學家布勞格（Mark Blaug）指出，如果只有勞動時數創造價值，那麼，不雇用更多生產勞工，而是設置效率更佳的機器、重新組織銷售團隊、聘用更高明的執行長、採取較佳的行銷策略，必然會使利潤下降。也就是說，按照馬克思的說法，維持利潤不縮減的唯一方式就是剝削勞工，迫使勞工拉長工時而不增加薪酬。就像梅修在《晨間記事報》的系列報導裡詳述的，有太多方式可以削減實質薪資。布勞格指出，有一點對馬克思的論點很重要，就是工會與政府這「剝削階級的組織」，並無法扭轉這個過程。

讓人驚訝的是，許多學者否定馬克思曾說過薪資會隨時間下降，或是受制於某種生物最低限度（biological minimum）。但他們忽略了馬克思曾在不同場合說過許多話。勞工生產數量愈多、或愈具價值的產品，卻無法賺到更多錢，這正是資本主義不適合生存的理由。

馬克思主張勞動力是所有價值的來源，而業主的收入——包括利潤、利息或管理的薪資，卻是不勞而獲。他並不是說勞工不需要工廠、機器、工具、專有技術等資本來生產產品，而是指業主提供的資本不過是**過去**勞動力的產品罷了。但任何資源的所有者，不論這些資源是馬匹、房屋或現金，自己都能利用這些資源。如果如馬克思所言，等到明天再來消費今天可消費的產品、或是拿自己的資源冒險、或是管理與組織事業——由於這些都沒有價值，因此也不應得到補償；那就好像說，即使我們不儲蓄、等待或冒險，同樣也能生產出東西。這是舊時基督教反對利潤的論點，只是換成了世俗的版本。

就像布勞格所說的，問題在於這樣的說法不過是用另一種方式指出唯有勞動力能爲產出增加價值，而這正是馬克思在一開始時要證明的陳述，並不能提供獨立的證明。

馬克思收集了非常多的證據，包括統計資料、報紙、《經濟學人》雜誌等，以證明十八世紀後半與十九世紀前半的勞工生活水準和工作條件極惡劣。但他無法證明在他撰寫《資本論》的一八五〇年代與六〇年代，平均薪資或生活水準降低了，或更重要的，無法證明我們有理由相信這兩者**必然會**下降。

馬克思若是像梅修一樣走出大門，到四處看看，或是和米爾這樣思索同樣問題的當代賢達討論，他可能會發現，世界並不如他和恩格斯預測的發展。中產階級沒有消失，反而成長，金融恐慌與產業衰退也沒有惡化。

當一八六二年的博覽會結束，「熱鬧的嘉年華」卻不肯散去。一個商人買下水晶宮，拆解後運到南倫敦的席得南地區（Sydenham），以更為盛大的規模重建。新的水晶宮以類似維多利亞時代的迪士尼樂園形式開幕，讓馬克思大為反感。更糟糕的是經濟愈來愈繁榮，馬克思不得不承認：「這時期彷彿撿到德國民間故事裡的福圖納塔斯（Fortunatas）那只永遠不會空的皮包。」在第二個十年間，「生產大幅進步」的速度甚至比第一個十年更甚：

現代社會再沒有哪個時期能比過去這二十年更有利於研究資本主義的累積……英國在所有的國家中再度提供了經典的範例，因爲它在世界市場裡所占地位最具優勢、資本主義式的生產唯獨在這裡完全發展，還有最後一點，因爲自一八四六年之後引進的自由貿易太平盛世，切斷了庸俗經濟學的最後退路。

馬克思的理論還有一個更致命的缺點，隨著資本以工廠、建物、鐵路、橋梁等形式累積，實質薪資並未下降。一八四〇年代之前數十年，實質薪資的增加大多限於技術勞工，生活水準的提升因更多人失業、工時更長、家庭人口增加而抵消；相反的，一八五〇年代與一八六〇年代的薪資成長幅度很大、效果明顯，且在當時討論甚廣。維多利亞時代的統計專家季芬提到，從一八四〇年代中期到一八七〇年代中期，「物質繁榮的增長無庸置疑」。律師兼統計專家貝克斯特（Robert Dudley Baxter）以一座海拔一萬二千呎的死火山比喻一八六七年的收入分配，「寬長的底層是勞動人口，中間的高地是中產階級，高聳的頂峰是頂級收入群」。貝克斯特認為，以這座加那利群島中的特內里費島最高峰（Peak of Tenerife）為喻，非常適合描繪各階層所得。但他的資料仍顯示，到了一八六七年，全國總收入中的勞工貢獻占比確實提高了。

其後許多學者進一步確認這些當代的觀察。早在一九六三年，馬克思經濟史學家霍布斯邦（Eric Hobsbawm）就已承認，「一般皆同意一八四二至四五年間是一個時期的**結束**，爭論焦點完全在於這段時期曾發生何事」。再以更晚近的費恩斯坦（Charles Feinstein）為例，長久以來學界對於工業革命的影響一直爭辯不休，而費恩斯坦屬於「悲觀」一派的經濟歷史學者，他也認為實質薪資在一八四〇年代「終於開始往新高點爬升」。

馬克思從未踏出去，也從沒想把英文學好。他的世界侷限在想法相似的移民小圈子，他和英國勞工階級領導者的接觸很浮面，從未把他的想法透露給那些能以平等地位挑戰他的人。他和經濟學家毫無互動，並且稱他們是「爲從事自由貿易的大企業奔走的旅行推銷員」，揚言要摧毀這些人的觀念。當時有一些優秀的人才和馬克思相距不過一兩里，例如哲學家米爾、生物學家達爾文、社會學家史賓塞（Herbert Spencer）、作家喬治·艾略特（George Eliot）等，他卻未曾和他們見面或通信進行學術討論。馬克思的摯友恩格斯是工廠老闆，自己也曾慷慨激昂地描寫過機械化如何可怕，但讓人訝異的是，馬克思竟從未參觀過任何一家英國甚至各地的工廠，直到晚年才在專人帶領下在卡爾斯巴德（Carlsbad）附近參觀了某間陶瓷廠，晚年的馬克思常在那裡泡溫泉。

在恩格斯的堅持下，馬克思在一八五九年勉強就未完成的代表作發表了一篇介紹文。當薄薄一冊的《政治經濟學批判》一出，引來的卻是眾人的驚訝與尷尬，幾乎無人撰寫評論，只有恩格斯應馬克思之請匿名寫了幾篇。

馬克思指出身爲現代世界之都的倫敦很適合研究社會的演化，一窺未來的社會面貌，他常以這個理由解釋他爲何決定留在英國，甚至尋求歸化爲英國公民。但同爲移民身分的以薩亞·柏林寫道，「馬克思大可流亡到馬達加斯加島也不會有什麼差別，只要有人定期提供書籍、期刊與政府的報告給他。」到一八五一年，馬克思開始認眞撰寫那篇聲稱能推翻英國經濟學的批判，當時他的觀念與態度「已很固定」，其後超過十五年「幾乎沒有改變」。

當馬克思想到要開始「完整敘述和解釋資本主義體制的興起與即將發生的崩壞」，他的視力已經惡化到看書報得拿到眼前幾吋才成，這不免讓人懷疑近視對他的觀念是否有什麼影響。馬克思的博士論文主題是古希臘哲學家德謨克利特（Democritus），據說此人故意讓自己瞎掉。有些版本的傳奇說德謨克利特是爲了避免注意力被美女分散，另一說是他想關閉外界雜亂、混淆、不斷變遷的事實，好不受干擾與分神地專注思索腦中意象和觀念。

馬克思家的租屋處原本位在一間店鋪上，這時已晉升擁有倫敦市區的房屋，有人可能會認爲這會讓他對自己的理論不安。他在這二十年來嘗試證明資本主義不可行，自己卻是從率性之人變成資產階級，不再支持共產主義當中立即廢除繼承權的部分。馬克思利用數筆遺產中的一筆換掉「蘇活區的破舊小屋」，改住進漢普斯敦希斯公園（Hampstead Heath）附近新中產階級社區的「漂亮房子」。那個社區非常新，新到連道路都還沒鋪好，沒有街燈或巴士；只有成堆的垃圾、石塊和泥巴。

馬克思常說，一個體制若在增加財富的同時無法減少大眾的痛苦，那表示一定有什麼地方大有問題；但他似乎沒想到，有時痛苦可能隨財富惡化。一轉眼時間就這麼十年、十年地過去，倫敦的貧民窟愈來愈像狄更斯筆下所描述的情景，馬克思認為，這證明了經濟無法為一般人帶來像樣的生活水準。英國歷史學家瓊斯的觀點恰恰相反，他認為居住危機是倫敦成長太過混亂、經濟日益繁榮、對無技術勞工的龐大需求這幾項發展所導致的不幸副產品。關鍵的事實是由於維多利亞時代中期建築業大熱，因此需先大肆破壞。一八三〇年到一八七〇年之間，倫敦市中心有數千畝地被清空，多數是在地價便宜的貧窮地區，為的是擴建倫敦碼頭，鋪設鐵路，建造新牛津街，挖掘地下水與水管，以及在一八六〇年代開挖第一段的倫敦地鐵。因此，當數萬移工湧進城市尋找工作，倫敦工業區步行範圍內的住房供應自然大減。結果就是勞工擠到更破爛、狹窄、昂貴的地區。等到拆除結束，白領勞工開始從郊區搭火車通勤，住房危機便開始緩和。

一八六二年的萬國博覽會期間，馬克思的經濟狀況陷入另一個低潮。《紐約論壇報》的發行人格里利（Horace Greeley）停掉他的專欄，雖然這個專欄完全由恩格斯捉刀代筆，畢竟還是給了馬克思一些額外收入。馬克思一度因財務窘境而去應徵鐵路職員，卻因「寫字太醜」加上不諳英語而遭拒，他曾短暫考慮過移民美國。所幸他就像蚌一樣，只需要一點砂石（grit；另一意是勇氣）就能生出珍珠。既然他一心想賺錢，於是很快便寫出了長篇經濟學文章，也再度寫滿筆記，同時不斷抱怨感覺自己像一具「機器，注定埋首吞食群書，再轉換形式，吐進歷史的堆肥裡」。這時他決定將他的代表作命名爲《資本論》。

博覽會的熱鬧氣氛持續讓馬克思沮喪不已。杜斯妥也夫斯基（Fyodor Dostoyevsky）的反應一定會讓他深感同情，這位俄國小說家稱水晶宮爲「聖經的景象，巴比倫的聯想，彷彿啓示錄內的預言就在你眼前成眞」。但在一、兩年之內，馬克思的運勢又好轉了。幾筆意外的遺產加上恩格斯每年資助三百七十五英鎊，讓他得以帶著家人搬到更寬大堂皇的市內宅邸，不久便過起每年花費五、六百英鎊的生活，這樣的水準是百分之九十八以上的英國家庭負擔不起的。

當審判日來臨時，馬克思幾乎已經忘了這件事。

當重達一萬一千噸的諾森伯蘭號戰艦在一八六六年四月十七日啓航時，理當是提醒世人英國工商業掌握住全球優勢的驕傲的一天，沒想到結果卻是徹底失敗。諾森伯蘭號停在密爾瓦鐵工廠的船台上將近五年，下水當天，卻因爲噸位奇重而滑過欄杆——人們後來明白了，這個徵兆預示了航運與造船業的岌岌可危。

不到一個月後，在五月十日這個週四下午，一個可怕的謠言在倫敦遊艇季的第一週傳遍全城。據說，一般人眼中穩如泰山的歐福安公司（Overend, Gurney & Company）、這個商業銀行界的勞斯萊斯倒閉了。倫敦《泰晤士報》的金融記者報導：「當天與隔日整天，恐懼和焦慮占據人心，慘況難以形容，無人自覺安全。」隔天上午十點，一大群「爭先恐後與半瘋狂的債權人」入侵金融區，男男女女似乎涵蓋各行各業。「到了中午，騷動轉爲暴動。這間最受敬重的銀行的大門被團團包圍……倫巴德街人潮洶湧，狹窄的街道根本無法通行」。

《紐約時報》的地方主任趕緊發電報給編輯，表示這是「有史以來倫敦最恐慌的一天」。政府還來不及增派大隊警察控制群眾，財政大臣也還來不及授權暫時擱置「銀行權利法案」（Bank Charter Act），英格蘭銀行已流失百分之九十三的存款，英國金融市場完全凍結，仰賴貸款生存的眾多銀行與企業面臨倒閉。「先前英國人瘋狂投機……如今清算的日子來了，所有銀行家、資本主義者和商人的臉上滿是茫然恐慌與沮喪憂鬱」。

恐慌下的首批受害者是密爾瓦造船廠的業主們。造船業曾在全球軍備競賽與貿易繁榮的推波助瀾下，欣欣向榮；一八六一至六五年間，倫敦造船廠的就業人口增加超過一倍。馬克思幸災樂禍地說：「造船業的大亨們在過度擴張時期不僅過度生產到毫無節制的程度，還抱著容易取得貸款的投機心態，簽下龐大合約。」

歐福安公司倒閉時，新的訂單已是井枯水竭。事實上，歐福安公司會被壓垮，可能是因爲「海上全是他們的船隻」，「大批汽船造成巨大虧損」。其他受害者包括傳奇的鐵路承包商佩托與貝茨（Peto and Betts）。誠然，這場恐慌最立即的受害者是容易上當的投資人，以及隨處冒出、想利用低成本資金獲利的「無數詐騙公司」。但信心危機迫使英格蘭銀行將基準利率從百分之六調升至令人無法承受的百分之十，這「典型的恐慌利率」一整個夏天維持不變。一齣名爲《一萬英鎊》（*One Hundred Thousand Pounds*）的戲劇在短暫上演後便下檔了，《泰晤士報》甚至未作任何評論。繁華顯然皆已落盡。

當馬克思從午報得知黑色星期五的消息時，他正在北倫敦的書房裡思索另一場更切身的財務危機。他和家人不久前才搬到別墅區，但對一個爲了寫書早已不再受派任務的無業記者而言，根本負擔不起像這樣在倫敦周圍到處興起的豪華住宅。馬克思合理化這種豪奢的作爲，是爲了讓十幾歲的女兒「在社交圈占有一席之地」，這是必要的。唉，現在他又破產了，遲遲繳不出房租——很不幸地，《資本論》也遭逢同樣的命運。

馬克思近十五年來一直向他最好的朋友兼贊助者保證，他那宏偉的《政治經濟學批判》「幾乎要完成了」；他已準備好「揭露現代社會的流動法則」，他會瞄準英國「政治經濟學」的心臟，一刀斃命。在曼徹斯特辛苦工作了十五年以支持他的恩格斯開始不耐了。

事實上，英國光鮮亮麗的繁榮讓馬克思的計畫籠罩一層陰霾。自一八六三年之後他就寫得很少，一連串的意外之財讓他得以享受幾段短暫的獨立生活，但現在他又回來仰賴恩格斯施捨，天使般的恩格斯有史以來首度顯露出不耐的跡象。馬克思一直以描述極爲生動的連串苦難拖延，聽起來簡直就像約伯的考驗；風濕、肝病、感冒、牙痛、鹵莽的債主、非常嚴重的疔瘡——種種理由罄竹難書。一八六六年四月，馬克思承認「身體欠安而無法寫作」。聖誕節後，他抱怨「已好久沒有動筆」。復活節前後，他從馬蓋特鎮（Margate）海邊寫信，承認「這一個多月來……只爲了維持健康而活著」。

恩格斯懷疑馬克思問題的眞正根源，是「那本該死的書」已拖延太久，事後也證明他是對的。他在五月一日寫道：「我希望你已經愉快地從風濕症與顏面神經痛中康復，再次**認真地坐在**書桌前寫作。你到底寫得怎樣了，第一冊何時完成？」由於《資本論》**出不來**，馬克思只能嘔氣地沉默以對。

恩格斯再多的嘮叨也不及黑色星期五如腎上腺素激增的刺激效果。短短幾天內，馬克思這位預言大師便回到書桌前振筆疾書。七月初，他向恩格斯報告：「過去兩週，我又能埋首苦幹了，」預計「八月底」就能交出延宕已久的稿子。

誰能責怪馬克思一直挨到時機成熟才寫出這預告未來災禍的書呢？馬克思在創作時，提出聳動的預言：「資本主義私產制的喪鐘已經響起，剝削者將會被剝削！」聽起來幾乎有些道理。但當他撰寫〈資本累積的一般法則〉（The General Law of Capitalist Accumulation）那著名的最終章時，他覺得必須造假以證明窮人確實變得更窮。他指出一八五三至六三年間課稅所得出現「驚人」且「難以置信」的激增，引述自由黨首相格萊斯頓（William Gladstone）的話說，「財富與權力的增長讓人振奮……但完全僅限於有產階級」。事實上，依據刊登在《泰晤士報》的演說文，格萊斯頓的說法恰恰相反：「如果我相信如此超乎尋常、令人振奮的成長只限於所謂生活寬裕的階級，那麼如此的成長我將會痛苦且不安地看待，」他接著說，由於非課稅所得快速成長，「我們很高興得知，英國勞工的平均狀況在近二十年來改善幅度極大，幾乎在任何國家、任何年代皆無前例」。

馬克思預言他的稿子可在夏末完成，事後證明這想法樂觀得離譜，但在黑色星期五過了十五個月之後的一八六七年八月，他終於能向恩格斯報告，他已將最後的校樣寄給德國的出版商。他在信中順帶提到法國小說家巴爾札克（Honoré de Balzac）很有名的一篇短篇故事。一個藝術家自信他的某幅畫是曠世傑作，因爲他已經畫了好多年。最後他揭開那幅畫，看了一會兒，踉蹌退後。「『一無所有！一無所有！白白畫了十年！』畫家坐下、哭了起來」。可嘆，就像馬克思所恐懼的，拿巴爾札克這篇〈不知名的傑作〉（The Unknown Masterpiece）比喻他的經濟理論再適合不過。他的「數學證明」得到的反應是詭異的沉默。之後在現代最糟糕的經濟危機當中，偉大的二十世紀經濟學家凱因斯會將《資本論》貶抑爲「過時的經濟學教科書。就我所知，本書不僅犯了許多科學上的錯誤，對現代社會也無相關性或適用價值」。

第二章　無產階級是必要的嗎？——馬歇爾的守護神

馬夫爲馬效勞，
牧人爲牛效勞，
商人爲荷包效勞，
人爲三餐效勞；
這是個人財產的年代，
有布要織，有穀要碾；
機器坐穩馬鞍，
駕馭人類前進。

——愛默森（Ralph W. Emerson），〈詩贈錢寧〉（Ode, Inscribed to William H. Channing）

讓人類當家做主是多數經濟研究的主要動機。

——馬歇爾

一八六六至六七年的寒冬，每天都有上千人聚集在倫敦東區一幢建築前。當大門一開，群眾蜂湧上前，推擠叫嚣，搶奪門票。旁觀者從現場的瘋狂混戰和搶不到票的人臉上忿忿不平的表情看來，可能會以爲有場拳擊賽或鬥狗賽即將開始。然而裡面並沒有燈光明亮的賽場，只有教區濟貧院泥濘的院子。院子用圍欄圍成一區區，裡面有大片鋪地磚。拿到票的人能坐在石塊上，拿一把重槌敲打沾滿污垢的大理石。集滿五蒲式耳（bushel）的碎石便能換得三便士和一條麵包。

當年一月，包圍那間濟貧院的人不太一樣，這群人並不像這類低下機構常見的收容人一臉病容、衣衫襤褸的模樣；這群人身體健壯，衣著整齊。幾個月前，他們還在造船廠或鐵路隧道與公路上工作，賺取一、二英鎊的週薪，這樣的收入絕對養得起五口之家，還能消費許多奶油、牛肉和啤酒，甚至攢下些許積蓄。那已是黑色星期五之前的事了，在這一天之後，無論陸上、海上、地下的建設全都詭異地停擺，一連串的破產事件導致數千人失業；同時又有霍亂疫情爆發，氣候驟冷導致碼頭關閉數週，麵包價格貴了一倍；工人畢生的積蓄付諸東流，家中剩餘的東西拿去典當，來自親戚的資助也已用盡。

最貧窮的教區每天得將數百人拒於門外，像馬克思這類拮据的納稅人憂心，窮人大增也會把他們拖下水。儘管有許多人捐款，私人慈善機構依舊不堪負荷。一八六七年一月，出身富裕家庭的醫院改革者南丁格爾（Florence Nightingale）在寫給朋友的信中稱說「沒人了解情況有多麼艱難」：

如同每一家報紙所大肆報導的，不只東區有二萬人失業。問題是每個教區裡合乎濟貧法資格的人數是平常的兩倍以上，甚至達五倍之多。**問題是**，所有的濟貧院都是醫院，破舊的學校不僅無法提供每天一餐，甚至有關閉的危險。這些現象在馬里波恩（Marylebone）、聖潘克拉斯（St. Pancras）、河岸街（Strand）和倫敦南部處處可見。

格林威治區爆發麵包暴動，烘焙業者與小店老闆威脅要武裝對抗憤怒的暴民。該年五月，數千名東區居民在海德公園與騎警隊對戰，表面上是表達支持「第二次改革法案」（Second Reform Act）與工人投票權，其實大半是爲了宣洩挫折與對富人的怒氣。

倫敦的中產階級幾乎無法避知這些存在於周圍的痛苦，因爲那是新的資訊時代，他們被每天投遞五次的郵件、報紙、書籍、期刊、演講和傳道疲勞轟炸。新一代的記者受到梅修、狄更斯及一八四〇年代的新聞工作者影響，在《每日新聞》、《晨星》、《佩爾美爾報》（*Pall Mall Gazette*）、《西敏評論》、《家常話》、《保守黨每日郵報》、自由派的《泰晤士報》，發表許多關於東區聳動的目擊敘述與第一手調查。記者喬裝成落魄的工人，晚上住在救濟院，以便描述現場的恐怖景象。自由派《每日新聞》的編輯季芬正成爲那時代最優秀的統計專家，他的首篇主要學術文章盛讚國家財富在一八四五至六五年間增加了三倍，但一八六七年寫成的第二篇文章，無論是在口氣或觀點都與前文大相逕庭，大力抨擊嚴重退步的稅制打擊了「窮人的基本所需」。根據爲季芬作傳的傳記作家梅森（Roger Mason）的說法，一八六六至六七年的經濟蕭條最讓季芬難過的，是這場風暴最主要的受害者多半努力工作存錢、奉公守法，較有錢的人還會慷慨捐款給慈善機構。但美德不足以避免悲劇蔓延。

那一代的人在繁榮期成長，視富裕與進步爲理所當然；眼看有些人非常富有，而飢餓、無家可歸、疾病等問題卻死灰復燃，讓人開始產生激進的想法。劇作家把無產階級的英雄寫進劇本，詩人發表批評社會的作品，教授與牧師利用講壇抨擊英國社會。盲眼的自由黨改革家佛塞特（Henry Fawcett）在劍橋大學教授政治經濟學，他便發出典型的悲嘆：

> 我們得知國家的進出口快速增加；大英帝國驕傲地號稱爲日不落國，商業活動涵蓋全世界。我們的商船不斷增加；工廠的數量與規模都與日俱增。我們周遭有各種奢華的跡證；公園裡有愈來愈多的豪華馬車與隨從，生活格調奢侈一年勝過一年……但且看看另一頭的情景，我們觀察到了什麼？普遍存在且日益惡化的貧窮如同可怕的幽靈，和這龐大的財富同時並存，與這一切罪惡的豪奢緊密相鄰！如果你到商業與貿易中心走一

趟，你會看到什麼？最富裕的地方總是同時存有最悲慘的貧窮！

充滿基督徒的罪惡感與行善意念的大學畢業生，過去總期望到帝國的偏遠角落傳教，這時卻發現國內有許多地方需要改善。同年，《以世界為救贖的主體》（*The World as the Subject of Redemption*）一書的作者費利曼特（William Henry Fremantle）成為倫敦最貧窮的聖瑪麗教區的牧師。隸屬福音派的巴納多（Thomas Barnardo）在霍亂流行期間走了一趟東區後，決定放棄到中國傳教的打算，轉為貧窮的兒童建立孤兒院。類似的經驗也激勵了著有《走出最黑暗的英國》（*In Darkest England and the Way Out*）一書的卜維廉（William Booth）成立救世軍。牛津學者巴內特（Samuel Barnett）創立大學睦鄰協會（University Settlers Association），鼓勵大學生和窮人共同生活，經營免費食堂和夜校。

這些年輕男女成了自己家園的傳教士，努力維持科學精神同時不流於濫情。他們的志業不是慈善施捨，而是引導窮人學習中產階級的價值觀和習慣。牛津畢業生丹尼森（Edward Denison）在一八六七年表示：「提供救濟只會讓他們永遠扭曲，我們應該建造校舍，讓教師有薪水可領，頒發獎品，設立工人俱樂部；幫助他們自助。」

在倫敦尤斯頓（Euston）車站，一位五官秀氣、一頭柔順金髮、藍眼閃閃發亮的年輕人搭上大北鐵路公司駛向格拉斯哥（Glasgow）的火車。時爲一八六七年六月初，這個年輕人只帶了一把手杖和裝滿書籍的帆布背包，其他乘客可能以爲他是休假要去登山的牧師或老師。但當火車抵達曼徹斯特，年輕人揹起背包，跳下月台，消失在人群中。

他是二十四歲的數學家，劍橋聖約翰大學（St. John's College）研究員阿佛列德・馬歇爾；在繼續前往北方的蘇格蘭高地之前，他花了幾小時走過工廠區與周遭的貧民窟，「觀察最貧窮的一群人的臉孔」。他還在苦思該將德國哲學或是奧地利的心理學當作一生志業。這是他首次跨出形而上學，從此一心投入研究社會的現實。他後來表示，那次步行迫使他思考「社會現況的合理性」。

馬歇爾在曼徹斯特看到煙霧瀰漫的褐色天空、泥濘的褐色街道、長排的倉庫、空洞的大廠房，以及有損健康的地下室。他讀過蓋斯凱爾（Elizabeth Gaskell）的小說《北與南》（*North and South*）及其他書籍，知道這些都是他預期會看到的——不過幾百碼之外就是燈火輝煌的商店、漂亮的公園、豪華的飯店。他在狹窄的巷道遇見面黃肌瘦、身材比一般人矮小的男人，還有營養不良、臉色蒼白的女工，圍著薄披肩，髮間沾著棉屑。看到「如此的富裕」之中存在「如此的匱乏」，促使他思考一個問題：無產階級的存在是否眞如他被教導該相信的，是「不得不存在的事實」。他問自己：「爲什麼不能讓每個人都成爲紳士？」

馬歇爾欠缺聖約翰大學其他研究員的上流社會口音和一派輕鬆的氣質，有時，他覺得自己發現貧窮的過程很像發現原罪，他在最後擁抱經濟學也和改變信仰相似。雖然他在一八六六年的恐慌之後才首次想以貧窮作爲研究主題，但若說他的目光直到此時才注視窮人，則失之嚴重誤導。他的外公是屠夫，祖父破產，父親和叔叔兒時是一文不明的孤兒。威廉．馬歇爾（William Marshall）在結婚證書上所寫的職業是「紳士」，其實從未能自英格蘭銀行出納員的低微地位翻身。他的兒子阿佛列德並非如他後來暗示的出生在高級郊區，而是在倫敦最惡名昭彰的伯蒙西貧民窟的製革廠陰影下出生。馬歇爾一家後來搬到中下階層的克雷漢區（Clapham），在一間煤氣廠對面住下。

馬歇爾天生早慧，加上父親拜託銀行的董事贊助他的學業，馬歇爾因而能進入倫敦市內專供銀行家和證券經紀人子弟就讀的私立商職學校。他從八歲開始每天要搭巴士和渡輪通勤，步行經過泰晤士河畔最不健康的製造區和貧民窟。馬歇爾終其一生都在注視窮人的臉孔。

一八六一年，馬歇爾在這一年從商職學校畢業，狄更斯出版了《孤星血淚》（*Great Expectations*），主角是矮小的孤兒皮普（Pip），他在三度要求好友發誓絕對守密後，做出「瘋狂的告白」，低語：「我要成爲一位紳士。」他的玩伴畢蒂（Biddy）很困惑，彷彿即將成爲製鐵學徒的皮普大言不慚立志要當教宗。的確，狄更斯爲了讓主角的狂想成眞，必須大費周章，於是創造出罪犯出現在霧茫茫的沼澤、一個傲慢的富家女、鬧鬼的大宅、神祕的遺產、不知名的善心人。即使在一個頌揚白手起家的時代，一般觀念會認爲，像皮普這樣的男孩——更遑論眾多類似的男孩，要能晉升中產階級，絕對是純粹幻想或怪誕的烏托邦夢想，正如狄更斯的奇幻小說一樣脫離現實生活。如同《泰晤士報》一八五九年的社論的簡潔評論：「百分之九十九的人無法『往上爬』，而會被出身、教育或環境限制在較低的地位，無法移動。」

但移動與劇烈起伏的徵象還是存在的。胡盆（Theodore Huppon）觀察發現，維多利亞時代的小說一再出現的主題是：誰能成爲紳士以及如何成爲紳士。紳士的身分取決於出身、職業以及非關職業的通識教育。這便排除了任何勞力者，包括有技術的工匠、演員、藝術家或是商人，除非其業務規模極大。在特洛勒普（Anthony Trollope）的《布爾漢頓的牧師》（*The Vicar of Bullhampton*）裡，麥拉柏小姐（Miss Marrable）的觀念是，「一個紳士之子若希望維持紳士地位，應擔任牧師、律師、軍人或水手以賺取收入」。白領職業大量增加，模糊了舊有的界線。否則麥拉柏小姐何需定下如此法則？醫生、建築師、記者、教師、工程師、職員都努力往上爬，爭取一個身分標誌。

一個紳士的職業必須有足夠的閒暇時間，讓他能思考糊口以外的事情，他的收入必須足以負擔兒子的教育，為女兒找到紳士等級的丈夫。但究竟多少金額才算足夠，仍有很大的爭論空間。特洛勒普小說《院長》（*The Warden*）裡的窮人相信，年收入一百英鎊就足以讓他們成為紳士，但當那個不諳俗務的院長威脅要退休領一六〇英鎊的年俸，他那實際的女婿卻斥責他不該妄想憑這點錢就能過個像樣的生活。馬歇爾的父親靠著每年二五〇英鎊的收入養活一妻四子，但公認不善理財的馬克思即使有雙倍於此的收入，也無法維持中產階級的樣子。紳士的收入在一八六七年能有極大的差異，當時僅有十四分之一的英國家庭收入不低於一百英鎊。

但即使是麥拉柏小姐應該也會同意，劍橋大學研究員算是夠資格了。聖約翰大學的五十六位研究員全數都能從學校的捐贈基金獲得一筆年金，金額從一八六五年的二一〇英鎊增加到一八七二年的三百英鎊，此外還能使用宿舍和得到一位校僕照顧。每日的生活津貼包含在「高桌」（high table）用餐，通常有兩道菜——肉片和蔬菜，派和布丁，接著是大塊起士用推車推到桌邊，每週會有兩次多上一道湯或魚。多數研究員會去賺取考試補習費以增加收入，或是在大學兼職擔任講師或出納。研究員必須保持單身，對一個無妻無兒的單身男子來說，在學校的職務之外仍有許多時間可從事研究、寫作，進行對思想有所激勵的對話，收入也足供經常旅行、購買不錯的衣物、擁有個人藏書、幾幅畫作或小擺設——簡單而言，就是紳士生活必備的條件。

◆ ◆ ◆

馬歇爾從一個蒼白、焦慮、營養不良、衣著寒酸的領獎學金學生蛻變成劍橋的教師，幾乎就像皮普從鄉下打鐵學徒變成股份公司的合夥人一樣讓人驚訝。馬歇爾的父親十六歲時到倫敦的證券商工作，哥哥查爾斯只比他大十四個月，十七歲時被送去印度的絲廠工作，姊妹艾妮絲也跟著查爾斯前去印度，原本是想找個丈夫，最後卻客死異鄉。

就像維多利亞時代許多挫敗的父親，威廉·馬歇爾希望透過才華洋溢的兒子實現他未實現的夢想。威廉決心要教育兒子成爲神職人員，說服雇主負擔學費送他去讀一所很不錯的預校。威廉「接受的是最嚴格的福音派教育，頸部細瘦，下巴堅毅地突出」，在家裡就像暴君，妻兒都得聽命於他。他自己是夜貓子，常要兒子反覆練習希伯來文、希臘文和拉丁文，直到十一點才能睡覺。

因此，馬歇爾會受恐慌發作與偏頭痛所苦也就不足爲奇了。同學記憶中的他「瘦小蒼白，穿著很差，一副工作過度的樣子」。馬歇爾個性害羞，幾乎沒有朋友，但卻展現出「數學的天份，而這個科目是他父親極爲鄙視的」，對古典語文產生終生的厭惡。「馬歇爾在上下學途中將歐幾里德的《幾何學》藏在口袋裡，他會先看一個題目，然後邊走邊在腦中演算」。

商職學校的學費相對便宜，而且有許多補助，但威廉雖有二五〇英鎊的年薪，也很難負擔兒子讀日校每年二十英鎊的自費額；但他願意忍受、而且積極實踐最節儉的生活，好供兒子讀書。因爲若在商職學校成績優秀，可確保拿全額獎學金去牛津大學讀古典學；在當時這是很大的獎勵，因爲大學教育是很奢侈的，與他兒子同時代的年輕人大約僅有五百分之一讀得起大學。更重要的，依據不久後將廢除的規定，牛津的獎學金等於保障領受者可在牛津的某學院古典文學部門擔任終生研究員，或是進入教會、公職，或是到最富聲望的預校任教。

當馬歇爾宣布拒絕牛津的獎學金，改到劍橋讀數學，他的父親大怒，繼續嚴詞威脅，好言相勸。馬歇爾最後因爲一位父執輩自澳洲提供了一筆爲數不小的貸款，加上取得數學獎學金，才能違抗父命，追求自己的夢想。當十七歲的馬歇爾爲了獎學金去考試時，他沿著康河走，爲即將得到的自由欣喜歡呼。

在聖約翰學院讀完三年後，馬歇爾還有另一場競賽得參加，亦即非常嚴格的數學會考（Mathematical Tripos）。吳爾芙（Virginia Woolf）的父親萊斯理．史帝芬（Leslie Stephen）和馬歇爾同時期在劍橋就讀，他估計馬歇爾在會考得第二名的價值，大約等同得到五千英鎊的遺產，這個數字約等於今日的五十萬美元，絕對足以在人生路上比別人更具優勢。馬歇爾的獎賞是立即獲選在就讀的學院中擔任終生院士，可住在校內，領取指導費與講課費，史帝芬估計這筆費用又是二千五百英鎊。馬歇爾先在預校兼職一年，以償還父執輩的借款；還清借款後，他終於在有生以來初次眞正地經濟獨立，能自由去做喜歡的事了。

現在，馬歇爾最大的問題是如何善用這份自由。數學已開始讓他感覺無趣。當他坐在高山上，呼吸蘇格蘭高地的純淨空氣，讀著他「唯一崇拜過的人」——康德（Immanuel Kant）的書，底下的世界似乎隱藏在迷霧中。但窮人的面容、辛苦工作與貧困的景象依然縈繞在他腦中。就像皮普，馬歇爾雖竄升向上，卻無法忘懷留在後頭的人。

一八六七年十月，馬歇爾從蘇格蘭回到劍橋，「皮膚較黑，強健英挺」。讀大學時，所有的社團和教師宿舍的私人聚會他都無緣參加，然而這些是劍橋教育裡最寶貴的部分。現在他已得到學術上的地位，受邀參加由大學內激進派組成的葛洛特俱樂部（Grote Club），定期聚會討論政治、科學、社會議題。他們的領導者是深具領袖魅力的哲學家西季威克（Henry Sidgwick），比馬歇爾年長四歲的他，很快就發現了馬歇爾的才華，將他納爲門徒。馬歇爾承認「我是他塑造出來的」。他的生命幾乎被親生父親壓擠殆盡，但西季威克「幫助他重生」。

有了西季威克這位學術上的引導者，馬歇爾全心投入德國形上學、演化生物學及心理學，每天清晨五點起來讀書。他在德國的德勒斯登與柏林待了幾個月，傳記作家格倫尼維根（Peter Groeneweger）指出，馬歇爾「沉迷於黑格爾的《歷史哲學》（*Philosophy of History*）」。黑格爾主張每個人應該依據自己的良知行事，而非盲目順從權威；馬歇爾就像年輕時的黑格爾和馬克思一樣，深深被打動。他從達爾文一八五九年出版的《物種源始》（*On the Origin of Species*）和一八六二年的史賓塞《綜合哲學》（*Synthetic Philosophy*）吸收了社會演化觀。「人類的才能可能有更高、更快速的發展」，這個想法激發起他對心理學的興趣。這位年輕人的人生因爲接觸到一流的教育而出現轉機，這時他得到一個結論：物質是人類心智與道德發展的最大阻礙。

馬歇爾開始自認是「社會主義者」。一八六○年代，這個名詞代表一個人對社會改革有興趣，或是加入某種公社之類的團體；另一個名詞「共產主義者」也同樣廣泛；凡是相信唯有消滅私產與競爭的制度才能改善情勢的人都涵蓋在此名詞內。馬歇爾曾問西季威克如何克服階級的隔閡，他的導師溫和地斥責他：「啊，如果你了解政治經濟學，就不會這樣說了。」馬歇爾明白他的暗示。他後來說：「我就是爲了想了解政府和其他機構可有哪些務實的社會改革作爲，才會去讀亞當．史密斯、米爾、馬克思、拉薩爾（Ferdinand LaSalle）的作品。」他爲了自我充實，首先讀了米爾當時已發行第六版的《政治經濟學原理》，並且「極爲興奮」。

一八六七年，國會意外通過了「改革法案」，一舉將英國轉變成民主國家，讓馬歇爾的興趣更加濃厚。這項法案不僅讓選民人數增加一倍，將選舉權擴及至多數爲具技術的工匠與零售店老闆等八十八萬八千名成年男性，這些人每年至少負擔十英鎊房租或財產稅，也讓勞工階級得以進入政治體系；民主政府成了唯一可接受的政府形式。二十世紀史學家希梅爾法布強調，此一法案雖忽略三百萬工廠技工、按日計酬的零工、農工，當然還有所有女性，卻塑造出一種感覺，讓人認爲普遍選舉權終將不可避免會實現。現實生活與實現完整公民權的理想之間的對比讓馬歇爾不安，物質生活的悲慘與匱乏使得很多同胞無法充分利用公民的自由。

像馬歇爾這樣「向上竄升」的人可能會心生罪惡感或義務感。維多利亞時期的小說常描述「另一個我」，與主角有相同的特質與抱負，卻不幸只能看著別人往上爬，自己卻停留在原地。一八六九年當美國記者與作家亨利．詹姆斯（Henry James）徒步探索倫敦，亞辛斯．羅賓森（Hyacinth Robinson）這個人物似乎「從倫敦的人行道跳出來」——他是詹姆斯在一八八六年所寫、探討恐怖分子的《卡薩瑪西瑪公主》（*The Princess Casamassima*）小說中的主角。亨利．詹姆斯看到衣著光鮮的人群、來來往往的馬車、燈光明亮的宅邸和戲院，俱樂部與畫廊流洩出愉悅的聲音，讓人感覺「一扇扇的門通往光明、溫暖與快樂，通往令人嚮往的美好人際關係」。詹姆斯想像有一個年輕人和自己非常相似，「看著我曾看過的表演」，「目不暇給的種種現象述說著自由與悠閒、知識與權力、金錢、機會與饜足」，唯一的差異是，小說中變成炸彈客的裝訂工人「只能以最卑微的距離在外徘徊，每一扇門都當著他的面關上」。

馬歇爾得以進入自由、機會、知識、自在的菁英世界，雖稱不上擁有權力或巨富，仍保留「另一個我」的臉孔，讓自己每天都能看到：

我在商店櫥窗看到一小幅油畫，畫的是一個人的臉孔，帶著非常憔悴憂鬱的表情、窮困潦倒的模樣，花了幾先令買下。我將畫擺在大學房間的壁爐上，從此稱之爲我的守護神，一心思考如何讓這樣的人能上佳境天堂。

馬歇爾研究幾位政治經濟學創始人的作品，「經濟學愈來愈具實務的重要性，主要不是攸關財富的成長，而是生活的品質；我全心投入」。不過這是經過一段歷程的。他發現「研究事實的枯燥領域」在智識上非常無趣，在社會上也不具吸引力。校方要求他教授政治經濟學，他同意得很勉強。「我是在教經濟學沒錯……不過當我聽到別人視我爲政治經濟學家便很反感……我自認是『誤入陌生領域的哲學家』。」

一八六七年，馬歇爾開始認眞研究經濟學，他的老師西季威克相信，「政治經濟學的全盛時期已逝」。穀物法在一八四六年順利被廢除，接下來是一段食品低價期，政治經濟學有一小段機會被視爲「可與天文學相提並論的眞科學」。一八六〇年代的經濟危機和政治動盪再度引發知識分子過往對政治經濟學的反感。卡萊爾給政治經濟學冠上「沮喪科學」的稱號，藝術史學家拉斯金更進一步斥之爲「雜種科學」，和狄更斯一樣呼籲建立「眞正的政治經濟科學」。希梅爾法布觀察，根本問題在於「富裕的科學」與維多利亞末期的福音主義相衝突。當時的人對於頌揚貪婪的觀念很反感，也無法認同看不見的競爭之手能保證爲整體社會創造出最好的結果。

隨著工人即將獲得投票權，兩邊的政黨都要爭取勞工票。但他們以「政治經濟學」爲由，反對提高農工工資或是救助窮人的各項改革，理由是這會減緩國家財富的成長速度。政治經濟學的創始者在他們那個年代是激進的改革者，宣揚婦女權益、主張廢除奴隸制、維護中產階級的利益（相對於貴族的利益），他們的理論卻讓追隨者與勞工對立。正如吳爾芙的父親史帝芬所言：「他們的教條……被用於打擊社會主義的各項計畫……彷彿政治經濟學家抱持宿命的理論，認定推動社會更新的任何計畫皆不可行。」

舉例來說，劍橋大學政治經濟學教授佛塞特有心改革，他在對罷工的勞工演講時指稱他們此舉是在自斷生路。這種意見讓拉斯金很憤慨，他在一八六九年建築工人發動罷工之後說：「那些政治經濟學家非常無能，完全沒有聲音；根本無法就眼前的困難提出顯著的解決方法以說服或安撫反對陣營。」米爾的例子比佛塞特更誇張。米爾此時是激進派議員，自稱社會主義者，支持第二次改革法案以及勞工組成工會及罷工的權利。但對於勞工階級的未來，米爾的觀點幾乎和李嘉圖或馬克思一樣僵硬。凱尼斯（J. E. Cairnes）是倫敦大學學院（University College London）教授，曾對奴隸制經濟體系發表著名的控訴，他在幾年後呼應米爾的立場：

受限於無法跨越的障礙，他們的命運可能改善的程度很有限，要想向上爬升根本無望。整體而言，他們的地位完全無法提升。少數較具活力或較爲幸運的人偶爾能逃脫……但大多數人基本上仍會留在原地。因此，不論勞工有無技術，其薪酬永遠無法超越目前的水平。

米爾的悲觀論點建立於所謂的「工資基金理論」（wages fund theory），後來米爾否認這點，但他一直沒有提出別的理論取代。根據此一理論，只有定量的資源可用於支付工資。一旦資源用盡，便無法增加可支付的總量。實際上，勞工的需求是固定的，因此只有勞工的供給會對工資產生影響。也就是說，一群勞工若要取得更高的工資，必然得壓低另一群勞工的工資。如果工會成功爭取到超出工資基金水準的工資，便會產生失業的情況。如果政府干預，對富人課稅以補貼工資，勞工人口將會增加，從而導致更多人失業，稅金更提高。不僅如此，拿稅金補貼工資，會除去競爭與失業的恐懼而讓效率降低。米爾提出警告，「爲了幫助窮人而課稅，到頭來會耗掉國家的整體收入」。這位受歡迎的美國教科書作家聲稱，除非勞工階級養成節儉與節育的謹愼習慣，否則「他們會因人口增加而回復原本的生活水準」。佛塞特的妻子米莉森·佛塞特（Millicent Fawcett）在她的政治經濟學初級讀本裡，舉穀物法的廢除以證明工資受限於生理的最低值。她這樣分析勞工：

> 廉價的食物並未讓勞工生活得更舒適，而是讓他能養活更多小孩。這導向一個結論：勞工階級的物質生活不可能有長久的改善，除非同時有其他的條件，能預防人口增加，以免抵消其效果。

但等到第二次改革法案通過時，工資無法長期上漲的理論看來已不再站得住腳，原因還不只是因爲平均工資大漲。鐵路、汽船、動力織布機等征服自然的發明問世，顯示社會發展似乎還未接近成長的自然限度。英國移民者在海外發展得很好，國內則有技術工匠與白領勞工的中產階級興起，這些現象駁斥了人類受限於生物法則而無法大量逃脫貧窮的論點。貧窮在過去總被視爲人類社會幾近普遍的自然現象，這時卻讓人愈來愈覺得似乎不過是一個缺陷而已。

是否可能有一種高明的機制，能將工資提高、直至平均工資足以維持中產階級生活？米爾承認工資基金的理論有瑕疵，但無論是米爾本人或是他的批評者都無法提出讓人滿意的不同觀點。從狄更斯、梅修、馬克思到拉斯金和西季威克，維多利亞時代有相當多的知識分子嘗試建立新理論，但當時無人成功，因此也無人能確定改善社會的希望是否眞能和經濟現實並行不悖，或是一八五〇年代與一八六〇年代具體的進步成果注定將會逆轉。保守主義者如拉斯金與反廢奴主義者卡萊爾預言，若不恢復舊式封建制度，恐怕將有災難。社會主義者認爲，若沒有實施全面性的社會改革，勞工的狀況「無法改善，他們所受的傷害也無法彌補」。大家逐漸了解，這些爭辯歸根究柢是要探討在現有的社會制度下，生活水準可能改善到何種程度。

一八七三年，一個春天的傍晚，馬歇爾在一間借來的劍橋大學講堂中，站在「七、八十位女士」前面，英俊的臉龐因爲內心的焰火而發亮，演說時語調流暢、鏗鏘有力，而且無須筆記提示。他彷彿像是對著自己的妹妹、以簡單、直接、平實的語彙鼓勵這群女士不要再「敲擊或扭動手指」，勸導她們要抗拒家庭的要求。他要她們像社會改革家「希爾小姐」（Miss Octavia Hill）一樣，去找一份社工或教師的工作。最重要的，他堅持要她們學習「探討有哪些困難要克服……以及如何克服」。

馬歇爾就像他的老師西季威克以及一八六〇年代與七〇年代的其他大學激進分子，領悟到教育是對抗社會不公的武器。他也和許多人一樣，在讀過米爾於一八六九年出版的《論婦女的附屬地位》（*The Subjection of Women*）之後深感欽佩，相信受過教育的女性是最重要的社會改革催化劑。在馬歇爾看來，婦女和勞工階級現有的問題基本上是一樣的，兩者都欠缺追求獨立、充實生活的機會。勞工受限於低工資，只能過辛苦勞動的生活，除了極少數的特例之外，一般皆無法充分發展道德與創造力；中產階級的婦女則受習俗限制，陷於無知及另一種辛勞的生活。馬歇爾受到同時代小說家喬治．艾略特、[1]夏洛特．勃朗特（Charlotte Brontë）所感動，對於婦女無法發展智識的境遇感觸特別深，很遺憾社會無法善用她們的才華。他相信，若要解放勞工階級，不僅需要更多科學經濟學投入，也需要中產階級婦女的參與。若談到「女性豐富、勃發的思想自由發揮與改善勞工階級狀況兩者之間的密切聯結」，馬歇爾是「了不起的鼓吹者」。在一個頌揚婦女是「家庭

1 編注：喬治．艾略特實爲女作家瑪莉．安．艾凡斯（Mary Anne Evens）之創作筆名。

的守護天使」的年代，馬歇爾卻爲婦女提供進修課程，無薪擔任考官，自掏腰包爲女學生籌辦經濟論文寫作獎，後來並慨捐六十英鎊給劍橋大學的紐漢廳（Newnham Hall）作爲籌建基金；該樓是最早的女子學院核心建築。一八七三年，馬歇爾與西季威克、葛洛特俱樂部其他成員、佛賽特的妻子米莉森——她的姊姊伊莉莎白·蓋瑞特（Elizabeth Garrett）想讀醫科——共同創立了婦女講學管理大會（General Committee of Management of the Lectures for Women）。

馬歇爾的教課重點聚焦在現代社會的主要弔詭處——富裕中的貧窮。他的教法是提出一連串問題，這些問題包括工業革命爲何未能讓勞工階級「從悲慘與墮落」解脫？在目前以私產及競爭爲基礎的社會制度下，我們能有多少進步？馬歇爾的回答反映出他和前輩的某些假定及結論有極大的差距。他告訴那些女學生，慈善與政治經濟學並不像馬爾薩斯本人以及其後的馬爾薩斯派信徒所認爲的無法相容。

儘管馬歇爾的觀點和政治經濟學創始者的結論相衝突，他依然堅持政治經濟學是不可或缺的。貧窮問題遠比多數改革者承認的更嚴重。經濟學就像物理學一樣，其實是一種工具，幫助我們將複雜的問題分解成較簡單的小部分，而後才能逐一分析。依據錯誤的因果理論所作的干預，很容易讓問題更惡化。馬歇爾舉亞當·史密斯、李嘉圖、馬爾薩斯，以及米爾爲例，說明他們建構的「分析引擎」多具威力以及如何改善。他說，要是沒有這樣的工具，發現眞理永遠只會是偶然，要隨時間累積知識更是完全不可能。

馬歇爾同意米爾的說法，認爲工業革命並未讓人擺脫經濟需求的宰制，或是提供過著「更高尚生活」的物質條件。「我們或許預期科學與生產技術的快速進步能在相當程度上避免勞工爲求生產而犧牲自我利益……但事實上，這個效果並未達成」。政治經濟學家斷定**無法**達成此效果，不論勞工有無技術，所得的酬報永遠無法比現在高出太多，這正是馬歇爾要大力反駁的。

他並不懷疑貧窮的主因是低工資，但是什麼因素讓工資這麼低？激進派聲稱是因爲雇主太貪婪，馬爾薩斯派則認爲是因爲窮人本身的道德缺陷。馬歇爾提出一個不同的答案：低生產力。馬克思說，競爭會讓不論有無技術的勞工，所得皆趨近僅能維持生活所需的工資；馬歇爾提出證據反駁：事實上，具技術的勞工工資是無技術勞工的「二到四倍」。雇主願意爲了勞工的技術或專業訓練付更多錢，表示工資仰賴勞工對**目前**產出的貢獻多少。或者，換另一個說法，決定工資高低的不僅是勞工的供給，還有需求。如果是這樣，平均工資不會是固定的。當科技、教育和組織改善讓生產力愈來愈高，勞工的收入也會一併上漲。組織、知識、科技的改善成果會逐步消除貧窮的主因。我們需要的是積極和進取，不是認命。

史學家湯恩比後來就馬歇爾見解的重要性做了如此描述：「近期關於工資問題的分析中，馬歇爾的說法帶給勞工**第一個重要的希望**，讓他們知道，**除了限制勞工人數，還**

有其他方式能提高工資。」勞工自身就能影響自己及其子女賺錢的能力。馬歇爾告訴聽眾：「所以說，矯正低薪的主要方法是改善教育。」

社會主義者認爲，若不是因爲富人的壓迫，窮人可以過「絕對奢華」的生活，馬歇爾煞費苦心地駁斥這種說法。他告訴那些女性聽眾，英格蘭的年收入總共約有九億英鎊，勞工工資總計約四億。他指出，剩下的五億英鎊多半來自非一般勞工階級的工資，例如半技術與技術勞工、政府官員與軍人、專業人士、經理。事實上，若是將英國的年收入完全平均分配，那麼每人工資所得不到三十七英鎊。要減少貧窮，必須擴充產出與提高效率；換句話說，就是必須追求經濟成長。

在馬歇爾看來，老一輩經濟學家的主要錯誤，在於他們沒有體認到人會受環境影響；隨著環境改變，人也會跟著改變。批評他們的人同樣也犯了一個主要錯誤，就是未能體認漸進式改變的累積力量，以及時間的加乘效果。諷刺的是，創立政治經濟學的那些人全都犯了這個錯誤。

> 我認爲，這個世界上少有其他事物能比乘法表蘊藏更多詩意……如果你能讓心智與道德資本每年以某種速率成長，潛在的進步將無可限量；如果你能賦與心智與道德資本重要力量，使其適用乘法表，那就好比一小顆種子，將來必能長成參天大樹。

我們不只複製過去，還會創造出新東西，這時觀念便很重要。發現眞理的工具自成一股獨立的力量，而被發現的眞理則像所有的科學事實，會受外在情勢影響。馬歇爾說：「世界正朝前邁進，但移動的速度端視我們自己的思考能力。」

◆◆◆

一年後，馬歇爾在安．克勞（Anne Jemima Clough）位於攝政街的客廳，和西季威克正深入討論「高深的話題」，突然感覺有人盯著他瞧。那個年輕女子就坐在那兒，腿上的女紅動也沒動，只是看著他。只見她「膚色明亮」，「一雙深邃的大眼睛」，濃密的紅褐色頭髮「呈大波浪向後梳，鬆挽在後」。之後，有人說這位二十歲的瑪莉．裴利（Mary Paley），「宛如艾達公主（Princess Ida）的化身」。艾達公主是吉伯特（W. S. Gilbert）與蘇利文（Arthur Sullivan）的同名歌劇裡的女主角，她「棄絕俗世／與一群女人，自我封閉／在孤單的鄉居屋舍／埋首苦讀冷硬的哲學！」裴利剛和一位英俊但愚蠢的軍官解除婚約，與一群女性先鋒前往劍橋受教育。她會有此「驚世作爲」並不是因爲排斥男人或是尋常的婚姻條件。「男人若想贏得青睞，必須／有能力打動她們豐富的頭腦／而不是她們的心！／先生，她們就像安全火柴／唯有知識能點燃。」

裴利曾在葛洛道奇（Grovedodge）的馬車房裡聽馬歇爾講過一次課，如痴如醉地聽著他狂熱地講述康德、邊沁（Jeremy Bentham）和米爾。「我當時便想，我從未見過這麼迷人的臉」。她坦承被馬歇爾「明亮的眼睛」迷住了。她到馬歇爾的學院跳舞，他的「憂鬱」神情讓她壯起膽子，邀他同跳「方塊舞」。他推說不會跳，她不理會，教他那些複雜的舞步，「我被自己的大膽嚇了一大跳」。不久，裴利成了馬歇爾在聖約翰學院宿舍「週日夜派對」的常客；他會招待她喝茶，吃烤麵餅、三明治和橘子，介紹他「所收集的依哲學家、詩人、藝術家等等分類的許多畫像」。

當時，馬歇爾最愛讀喬治．艾略特的小說，也許裴利讓他想到瑪姬．圖立佛（Maggie Tulliver），這個喬治．艾略特《弗洛斯河上的磨坊》（*The Mill on the Floss*）裡聰明、但畏懼數學的女主角；她想和兄弟湯姆一樣學習「歐幾里德幾何學」。有一天，他在街上遇見裴利和她的摯友瑪莉．甘迺迪（Mary Kennedy）；馬歇爾提出一個點子——不是結婚，而是更驚世駭俗的建議；這位年輕教授要他這兩個最優秀的學生去參加「道德科學榮譽學位考試」（Moral Sciences Tripos），亦即政治經濟學、政治與哲學的畢業考；男大學生必須通過這個考試才能取得學位。裴利最初到劍橋的目的是得到「一般教育」，學習文學、歷史、邏輯，馬歇爾這項計畫的野心可是大了許多。

馬歇爾的提議也比所有其他教育改革者的提議都來得大膽——他們最重視的是如何提高中學的教學水平。馬歇爾警告裴利：「別忘了，妳們到目前為止都是和拖車馬比賽，榮譽學位考試則是要和賽馬一爭高下。」他承諾會和西季威克一起教導她們。瑪莉．甘迺迪說：「他解釋要專注於一兩科、至少苦讀三年。我們很輕率地接受了，不過並不是真的了解要承擔何種挑戰。」

裴利就和馬歇爾一樣，來自嚴格的福音派家庭。她的曾祖父是威廉．裴利（William Paley），卡萊爾市的總執事，著有《道德與政治哲學原理》（*The Principles of Moral and Political Philosophy*）。她的父親湯姆．裴利則是大約在劍橋西北方四十哩、鄰近史坦福（Stamford）的攸福（Ufford）這地方的教區長。他是一個「堅定的激進派」，反對獵狐、賽馬與高教會派（High Church）的儀式，拒絕和鄰近的神職人員談話，禁止女兒讀狄更斯與玩娃娃。裴利記得，「我和姊妹原本能有娃娃，直到發生悲劇的那一天——父親指責我們把娃娃當成偶像，便把它們全燒掉了，從此我們就再也沒有娃娃」。

不過，相較於馬歇爾的父親，裴利的父親還算較寬容、教育程度也高，而且富裕。她在「很大的老房子，前面種滿紅色與白色的玫瑰，望出去是一片草坪，較遠處有一片樹林，花園長長的邊界以草隔開，還有綠色的庭院」中長大，家中總有各種活動：打球、射箭、槌球、到倫敦遠足、夏天到亨斯坦頓（Hunstanton）和斯卡伯勒（Scarborough）度假。裴利回憶，「我們有一個既會工作又會玩的父親，他對電氣與攝影都有興趣」。她的母親則是「充滿進取精神，總是開朗又有趣」。一八六二年，裴利被帶去倫敦參觀第二屆博覽會。雖然狄更斯的作品在她家中是禁忌，但她倒是讀了《一千零一夜》（*Arabian Nights*）、《格列佛遊記》（*Gulliver's Travels*）、《伊里亞德》（*Iliad*）、《奧德賽》（*Odyssey*）、希臘與莎士比亞戲劇、史考特（Sir Walter Scott）的小說——這也是馬歇爾的最愛。

一八六九年，劍橋十八歲以上女性高等考試開始舉行，裴利的父親不顧妻子反對，鼓勵女兒去參加。她考得很好，和軍官解除婚約後，父親讓她到劍橋生活，「這在當時是前所未聞的」。西季威克的朋友安·克勞是婦女教育運動的領導者之一，她提供了幾位女學生住宿。裴利後來記述，由於當時此舉堪稱驚世駭俗：「我父親既驕傲又高興，他對克勞小姐的敬佩勝過從眾反對女兒到劍橋的心情。」

一八七一年十月，裴利來到攝政街七十四號，加入克勞小姐與其他四位年輕女子的行列。當時的劍橋大學還沒完全準備好接受男女同受教育，兩性共班「並不恰當」，因此必須找來富同情心的教師，將教過的內容分別為女學生再講一次，克勞小姐則以監護身分全程陪同。「被此教育機會吸引的年輕女性表現出對自由的強烈嚮往」，加上「不幸地出現了」幾位特別美麗的女子，這些一直是讓校方焦慮的原因。裴利尤其是個麻煩人物——這時的她剛進入「前拉斐爾時期」，喜歡以威廉·莫里斯（William Morris）的圖案裝飾房間。她穿著涼鞋、披風和飄逸的長服，打扮儼如同出自愛德華・伯恩—瓊斯（Edward Burne-Jones）的畫裡。她是業餘的水彩畫家，喜歡寶石色，一度在網球裝上畫綴五葉地錦和石榴。

裴利開始經常前去上課。她既認眞又有藝術天賦，很快就能理解馬歇爾用以解釋供需關係的「曲線」，最後甚至得到論文獎，連她自己都驚訝。馬歇爾大膽提議她參加榮譽學位考試也讓她很興奮，他在她的每週報告裡所寫的冗長評論成了「重要大事」。一八七四年十二月，裴利參加了道德科學榮譽學位考試。先前一直不確定大學考官是否會讓她參加，直到考試前夕才確定。其中一位考官「特別頑固」，他們雖勉強評分，但拒絕給她最高分。裴利事後回憶，「當時的主考官會議沒有主席可投決定票，兩位給我第一名，兩位第二名，就像西季威克先生所說，我是『在天堂與地獄間』擺盪」。不過，裴利的好成績還是讓她成了劍橋當地的名人。

她待在劍橋的時間也差不多了，裴利回到攸福，隨即在附近的史坦福組織一系列的女性推廣課程——「這完全是我自己的構想！」此外，她在劍橋大學的斯圖亞特教授（Professor Stuart）的建議下，同意撰寫一本政治經濟學的教科書供推廣課程使用。隨後，她接到西季威克的信，問她是否願意接手馬歇爾在紐漢學院的經濟學課，因爲克勞小姐已收了大約二十名學生。

三十二歲的馬歇爾是劍橋大學的「資深自由派」之人。蓄著流行的長髮，八字鬍，不再穿得像是拘謹的年輕牧師。他加入剛創立的「劍橋改革社」（Cambridge Reform Club），閱讀激進的勞工刊物《蜂巢報》（*Bee Hive*）。

一八七四年春天，一場農工罷工引發了劍橋激進派與保守派的激烈爭辯。工會在當時還相當新穎，剛合法不久。前一年秋天，由亞契（Joseph Arch）領導的激進新組織「全國農工組織」，在數十個東安格里亞（East Anglian）的村莊裡冒了出來。工人要求提高工資、縮短工時、投票權與改革土地法。劍橋處處爆發罷工，農人決心要「消滅叛亂勢力」，合組「防禦委員會」，逐出持有工會卡的勞工，遠從愛爾蘭引進勞工代替罷工者。保守黨的《劍橋記事報》建議農夫，「不要把重點放在反對提高工資，而該抨擊工會透過煽動人心的代表使出狡詐技倆，以及工會讓人無法忍受的專制」。到了五月中，停工已持續兩個半月，成了全國爭議焦點。

當時大學裡正為了孟加拉饑荒的災民進行大規模捐款，各方意見嚴重分歧。一些研究喚醒了中產階級對勞工境遇的同情，曼徹斯特主教的皇家委員會報告尤其引人注意，該報告揭露出勞工的長工時、低工資、可怕的意外，以及日日忍受的低劣飲食，「清茶湯、乾麵包和一點點起士」。倫敦《泰晤士報》在這段停工時期登出了幾則故事，刻意要讓維多利亞時代的讀者驚嚇，例如敘述一間小屋只有一個房間，「共住了一個勞工和他的妻子、二十四歲與七歲的女兒、二十一歲、十九歲及十四歲的兒子」。小說家也很愛以此主題寫作。喬治·艾略特的《米德鎮的春天》（*Middlemarch*）是三年前出版的，書中的多蘿西亞（Dorothea Brooke）告訴她有錢的地主叔叔，她無法忍受「客廳裡濫情的圖畫……叔叔啊，您想想唐斯，他和妻子還有七個孩子住的房子只有一房一廳，房間幾乎不比這張桌子大多少！還有住在破舊農舍、可憐的戴格利斯一家，他們只在後頭的廚房生活，其餘的房間都留給了老鼠！親愛的叔叔，這也是爲什麼我不喜歡這裡的圖畫！」

但對保守派而言，這次的動亂讓人擔憂一八一六及一七年的「麵包暴動」，以及一八三〇年代焚燒乾草堆的事件會再度發生。多數人秉持原則反對工會，同年春天，某位「社會地位崇高……在劍橋……某學院擔任具影響力的職位」的大學領導人，在《劍橋記事報》寫了幾篇很長的「警告文」，鼓勵農民堅定立場。他指稱工會領導者是「專業的暴民演說家」，同情他們的自由派是「濫情又多管閒事」。這位作者可能是劍橋一位名爲威廉·惠威爾（William Whewell）的教師；他以常識道德（Common Sense Morality）的縮寫「CSM」署名，可能是爲了激怒自由派對手。他訴諸政治經濟學法則，聲稱工資組織工會「只是供需問題，應該在無人以金錢鼓動和煽惑干預的情況下，依一般原則自行解決」。

劍橋比較髒亂的北邊有一間班威爾勞工廳（Barnwell Workingmen's Hall），一八七四年五月十二日星期二，工會的支持群眾擠爆該廳，他們看到講台上站著戴方帽穿學士袍的盟友時都有些困惑。群眾領導人之一，脾氣火爆的喬治．米契爾（George Mitchell），在眾人的大笑聲中承認：「當他看到那些紳士的寬帽和長披肩時，心裡也想拿一套來穿戴看看。」最先發言的是三一學院前研究員，也是知名改革家的泰勒（Sedley Taylor）；他提議譴責農夫企圖瓦解工會「不利國家的普遍利益」，同時猛烈抨擊他的同僚ＣＳＭ。

接著輪到馬歇爾，他附議一位異議派農夫的提案，支持被停工的勞工，並呼籲大家捐款：「讓我們不僅拿出同情心，也打開錢包付諸行動。」

馬歇爾對農夫演說時，否定政治經濟學能「引導道德原則的決定」，聲稱這方面必須「留給政治經濟學的姊妹，倫理學」。他在《蜂巢報》指出，「任何人若指稱政治經濟學即是人生的指引，便是將政治經濟學運用於不當之處。我們愈深入研究愈會發現，很多時候個人的直接物質利益和大眾的福祉並不一致。在這種情況下，便必須訴諸責任感。」

《劍橋記事報》在接下來的那個週六，駁斥了馬歇爾演說，稱之為「高明的詭辯」。事實上，馬歇爾成功證明了勞動市場為何未必能產生公平的工資，以及何以工會不僅可促進公平，還能導向更高的效率。馬歇爾開宗明義說：有人「要求他談供需法則」。反工會者主張工資處於「自然水準」，否則，其他雇主自然會提供更高的工資，如果「工資以人爲的方式提高，終究將會回跌」——馬歇爾對這樣的論點頗不以爲然。這是李嘉圖的工資鐵律，就連很多同情勞工境遇的人也認同。馬歇爾承認，這套論點「很優秀」，但背後的假設卻是錯的。沒有農夫會提供更高的工資讓鄰人的勞工幫他工作。再者，提高工資會讓勞工吃得更營養，因而更具生產力。他承認「工會有其缺點，但工會能讓人們的關心和同情跨越教區界線流通；讓人體認到充實知識的必要，因而決心讓下一代接受更好的教育……未來的工資會提高……低工資會愈來愈少見……英國將走向繁榮」。

儘管有大學與許多媒體支持，這場罷工終究以失敗告終。農人堅持立場，添購更多機器，雇用了更多男女勞工。六月初，援助罷工的基金耗盡，工會號召勞工回到農地。這次的罷工事件讓馬歇爾體認到，新觀念若要戰勝舊信條，必需透過審慎的計畫和耐心執行的活動，以贏得務實派的理智與感情。

在馬歇爾離開紐約前往舊金山五週，俯瞰著尼加拉瓜瀑布時，他不禁皺起眉頭。從他站著的山羊島吊橋望去，瀑布一點兒都不像旅遊指南上所寫的那麼壯觀。身爲數學家的他知道這是角度的關係，他在腦中計算一番，好重新確定這瀑布確實如書中所說的那般巨大。但這番運算並無法驅走心中的強烈失望。一八七五年七月十日，馬歇爾寫信告訴母親，「尼加拉瓜瀑布是大騙局。你要花非常多的時間，才能發現瀑布比表面看起來更大；相較之下，要發現看似寬僅一里的阿爾卑斯山谷實際上寬達六里，速度還更快些」。

馬歇爾到美國是爲了研究當地的社會與經濟風貌。他從曼哈頓搭上槳輪汽船去到阿爾巴尼；他在一封信裡回憶，當托克維爾（Alexis de Tocqueville）發現四十年前本以爲的「哈德森河岸閃耀著最精緻、以希臘風格建造的大理石別墅」，其實竟是木造的，感覺有多「可厭又未開化」。相反的，馬歇爾「並未發現任何東西如他預期的那麼虛假」。

事實上，他在每個所到之處都發現實情不只是表面所見的那麼簡單。美國的建築師展現出「大膽與力量」，建築物呈現「一致的完整與堅固」。一種稱爲「薄荷冰酒」的美國飲料是那麼「濃郁可口」。美國牧師的講道「遠遠超越我們」，聖公會的公禱書「有驚人的改良」。美國勞工充滿「活力」。他在秋天回到劍橋時向道德科學學社（Moral Sciences Club）提出報告，「我在美國沒碰過任何一個男女會讓人感覺他的生活無趣或乏味」。馬歇爾在七月中到達克里夫蘭時，已相信「雖然九成的英國人在加拿大會比在美國更快樂滿足；但如果我一定要移民，我會選擇美國」。

馬歇爾的大作《經濟學原理》（*Principles of Economics*）還要再十五年後才會出版，但他已研究出他既不同於亞當・史密斯、李嘉圖與米爾的舊派自由放任理論，也不同於新崛起的馬克思社會主義教條的「新經濟學」的主旨。他花了十年「爲研究主題奠基，但沒有出版任何著作」。美國之旅讓他確信自己走在正確的路上。

馬歇爾計畫拿得自資助他讀大學的那位父執輩的二五〇英鎊遺產遊美，親戚對此計畫訕笑不已。他辯稱此行是爲了收集一篇國外貿易論文所需的資料。這當然是事實，但經濟史學家惠特克（John Whitaker）認爲，馬歇爾事實上有一個更崇高的目的——他愈來愈強烈地希望「全盤了解不斷變化的經濟現實，幾近執迷」。馬歇爾就像包含托克維爾在內的其他歐洲觀察家，將美國視爲一個超大的社會實驗室。狄更斯、薩克萊（William Makepeace Thackeray）、特洛勒普都曾苦思民主、奴役，以及工會存續的老問題，現在這些都已解決了。馬歇爾則是想知道工業興起、全球貿易成長及傳統道德式微將朝何方向發展。這些現象在美國發展得比任何地方都更快速。他回到劍橋時告訴一群聽眾：「我要看到美國未來的發展。」

馬歇爾搭船到美國時，正是跨大西洋觀光業最盛的時期。最受歡迎的北美旅遊指南的銷量邁向五十萬大關。此時的北大西洋等同海上的高速公路，多達十家船公司每週提供從利物浦到紐約的航程，並勸告英國遊客最好提前一年訂位。馬歇爾搭乘的「西班牙號」是最快速豪華的大型遊輪之一，只花了十天就到達美國；相較之下，一八四二年狄更斯還得忍受整整三週的折磨。由於距離遙遠，在美國旅行相當昂貴。馬歇爾每月得花六十英鎊，較之夏季攀登阿爾卑斯山所費的五十英鎊高出許多。但根據裴利的說法，馬歇爾事後覺得，「從沒花錢花得這麼值得過。重點不是他在美國學到多少東西，而是確認了他想學什麼」。

這段經驗讓他相信，「無論男女，經濟因素對一個人精神生活的影響比過去所認為的更大」。尤其是「再沒有任何思想、行為或感覺……能比日常工作時的思想、行為或感覺更讓人投入其中，從而更有機會形塑其人格」。馬歇爾會在教堂或接待室待上一些時間，尤其是在波士頓時，他在那裡認識了幾位重要的美國知識分子，包括詩人愛默森和藝術史學家查爾斯・諾頓（Charles Eliot Norton）。他在新英格蘭震教徒（Shakers）與英國社會主義者羅柏・歐文（Robert Owen）的門徒所經營的公社停留數日，不過最主要的行程還是參觀工廠；他在筆記本裡記滿訪問商人及勞工的內容，以及機器的圖像。波士頓有一家曲克令鋼琴廠（Chickering and Sons），馬歇爾的觀察是「許多勞工都必須具備高度謹慎與判斷力」，且個個「都有一張看似能幹、有效率、富藝術氣質的臉」。參觀一家風琴廠時，他看到「每個人的工作都侷限在整體作業的一小環節」，心想這「難道不會妨礙智力成長？」事後，他發現確實不會。

當時的商務旅客通常也是觀光客，馬歇爾也不例外。他無法抗拒最近甫建成的橫貫大陸鐵路的誘惑，在尼加拉瓜的飯店裡，拿著聯合太平洋鐵路的廣告地圖，規劃西行的路線；馬歇爾用針在地圖上戳洞做記號，這樣他在倫敦故鄉的母親才能對著燈光追蹤他前往舊金山的路線。

芝加哥是搭火車前往太平洋岸的最佳地點。新的鐵路系統就像一隻擱在五大湖上的大手掌，手指一路伸到西雅圖、波特蘭、舊金山，最南兩條路線則是通往洛杉磯。多數旅人都是搭乘西北鐵路從芝加哥向西，經過伊利諾與愛荷華到康索崖市（Council Bluffs）。馬歇爾搭大北方線到聖保羅，回程則搭上密西西比內河渡船，這種船「最出名的不是裝飾豪華，而是有爆炸的可能」。他在愛荷華邊界接上西北鐵路，一天後便抵達康索崖市。他從那裡越河來到奧馬哈（Omaha），轉搭聯合太平洋鐵路火車，接著從奧馬哈便一路筆直向西，到懷俄明的夏延市（Cheyenne）和格蘭傑鎮（Granger），然後南下猶他州的奧珍市（Ogden）、雷諾（Reno）、沙加緬度（Sacramento），接著突然轉南，走完最後一二五里到達舊金山。馬歇爾在夏延市搭上驛站馬車，順道到丹佛遊歷二十四小時。在奧珍，他特別到鹽湖城這個摩門教重鎮看看；回程在雷諾下車，看看「維吉尼亞市的超多人口」。馬歇爾從頭到尾都意識到自己正見證前所未有的奇特景象。他從鐵路車廂望出去，看到另一位英國年輕人在更早之前所描述的，「新地圖的展開，新帝國的啓示，新文明的創造」。

眼前不斷變化的景象讓馬歇爾大爲驚訝。他在一封家書裡寫道：「自從托克維爾的時代之後，許多事物已然改變……當時許多靜止之物如今已不再停歇。」他到第五街飯店辦理住宿登記時，首先注意到的是「一部動力升降機，從早上七點到半夜，**一刻不停歇地**上上下下」。大廳會吐出股價紙條的無人電報機很吸引他。他寫道：商務旅客即使待在非商業區，「也和在證交所現場一樣能掌握訊息」。

馬歇爾確定，流動性是美國生活的最主要特點。不只是鐵路與電報、一波波的新移民，或是許多人從東北部製造業中心移到西部「如雨後春筍般的新城鎮」，冒出的速度快到「讓人以爲那裡的土壤太過豐饒，會自動長出建築物來」。最値得注意的是經濟、社會、心理上的行動自由。馬歇爾很驚訝一般美國人能如此輕易地離開親友，前往新的城鎮、轉換職業與領域、接受新信仰與行事方法。他指出：「假如某人一開始從事鞋履買賣，但賺錢的速度不如他以爲的那麼快，他可能便會試試百貨業幾年，接著換成賣書籍、手錶或服飾雜貨業。」他很欣賞年輕人的獨立，「美國年輕人……討厭當學徒……一般而言，光是受特定職業束縛這件事，就足以讓美國年輕人想到只要一有能力，就一定要趕快去做別的事」。

美國人那麼樂於接受都市化的態度也讓他印象極爲深刻。他淡淡地提到：「當英國人米爾談到獨自走入美麗的景致時……便會異於平常地熱情澎湃起來……許多美國作家則是熱烈地敘述人類生活的豐富——偏遠地區的人發現周圍有愈來愈多鄰居，蠻荒之地發展成鄉村，鄉村發展成城鎮，城鎮變成大都市。」

馬歇爾就像他最喜歡的那些小說家，雖然物質與科技的進步也很可觀，但他較感興趣的不是這些，而是這些進步對人的思想和行爲有什麼影響。我們如何保證你我個人的選擇加總起來就能促進社會的利益？這些個人的起伏與伴隨而至的傳統連結的鬆動，是否如馬克思與卡萊爾等人的悲觀預測，將導致社會混亂？或者，高流動性代表朝現代烏托邦主義者普遍期待的狀態發展？這是最重要的問題。

馬歇爾的本能反應顯然完全屬於相對的樂觀派。在康乃狄克的諾里奇市（Norwich），他與一位南小姐（Miss Nunn）在傍晚開車出去，南小姐說她可以駕車，結果眞的由她駕駛。這次的經驗讓馬歇爾覺得「非常愉快」。他觀察發現，美國女性是「自己的主人……因爲她們能獨自處理自己關切之事」。他承認，這樣的自由「會讓一般英國人視爲危險的放縱」，但他認爲這樣的自由「既正確且健康」。

馬歇爾很高興美國沒有嚴格的階級之分。他去買帽子，店員將他頭上的禮帽拿起來戴在自己頭上試尺寸，馬歇爾大加肯定：「這位朋友是完全的民主派，一點都沒想到有什麼理由不能戴我的帽子，他的態度毫無無禮之處。但願這樣的習慣會愈來愈普遍！」他在到達加州時，很高興地發現，愈往西走，美國社會愈表現出平等主義的理想。「這趟回來之後，我對世界的未來想像整體而言比出發時更加樂觀」。

他以預言家的口吻想像一種新型態的社會：

在美國，高流動性創造了平等的條件……幾乎所有人都受同樣的學校教育；得自生活中的教育，當然更重要得多，不論形式多麼不同，對每個人幾乎都是同樣透徹，同樣有助發展個人能力——在這樣的社會中自然能享有眞正的民主。當然，巨大的財富差距還是存在，不過至少有些人非常富有，但並無明顯的階級劃分，完全沒有米爾所說的，不同等級的勞工涇渭分明，幾乎等同世襲的階級劃分。

馬歇爾闡述了兩種道德教育，以解釋個人選擇總合起來如何促進社會的利益，而卡萊爾認爲這是不可能的。一種是英國特有的「溫和的人格形塑，讓一個人與周遭的環境和諧共處，這樣教育出來的人……無需在道德上刻意努力，便會被推向符合所處社會的行爲、和諧與利益的方向」。美國的情況大不相同，高流動性開啓了道德演進的第二條路，亦即「堅定意志的教育，講求克服困難，這樣的意志會依據理性判斷引導每一項行爲」。

包含馬克思在內的多數維多利亞時代的社會評論家，都擔憂工業體系不僅會破壞傳統的社會關係與生計，更會透過「無知、殘酷與道德敗壞」扭曲人性。馬歇爾在美國看到另一種可能：「在我看來，一般而言，美國人面對道德問題時會比英國人更刻意、謹慎、自由、且大膽地運用自己的判斷力。」

馬歇爾談的似乎是人類的普遍問題，但也是在談他自己。**他**確實鍛鍊了堅強的意志，克服了專制的父親，中上階層的貧窮，階級的壓迫約束等種種困難。**他**也確實捨棄宗教信仰，抗拒父親要他擔任神職的期待，擺脫了威權宰制。此時的他感覺到，獨立帶給他的不是失敗，而是美好的人生。在美國的所見所聞讓他充滿希望。「這樣的社會有可能向下沉淪，因爲過度放縱而墮落。但若能往上提升，則會發展出優越的法律制度，奉公守法的人民……這樣的社會將會是充滿活力的泱泱大國」。

馬歇爾在美國所寫的一封信裡說：「提到『充滿活力』與『有個性』的女人，我有幸遇到不少。」另一封信提到與南小姐共度「迷人的傍晚」，坦承她「融合冒險精神的天眞個性很迷人。但他又說，「若要找尋穩定的支持，我還是需要膽識與成就的力量。」他想到的，顯然是在他出國時通過榮譽學位考試的瑪莉．裴利。

馬歇爾回到劍橋後，和裴利訂了婚；馬歇爾時年三十四歲，裴利二十六歲。他是「新經濟學」的明日之星，她則是大學講師。馬歇爾的婚姻觀受到一些如艾略特與劉易士（George Lewes），卡萊爾夫婦等知識友伴的啓發；他在一篇散文裡寫道：「常有人說，理想的婚姻生活是夫妻爲彼此而活，如果這是指夫妻應該爲彼此的滿足而活，在我看來，這是極度不道德的。夫妻不應爲彼此活，而是一起爲某種目的而活。」裴利第一次訂婚是「因爲無聊」，對她而言，馬歇爾的這種願景非常吸引人。就像羅斯（Phyllis Rose）在《維多利亞時代的五段婚姻》（*Parallel Lives: Five Victorian Marriages*）裡描述的當代其他特立獨行的婚姻，馬歇爾和裴利婚姻幸福的祕訣，在於「兩人對事情的看法很一致」。兩人立即決定要將裴利的教科書當做共同的計畫，訂婚後的大部分時間都投入在這件事上。

他們兩人在攸福的教區禮拜堂舉行婚禮，旁邊就是裴利長大的「占地寬廣的老房子，前面種滿紅白玫瑰」。裴利沒有戴頭紗，只在髮際以茉莉花裝飾。新郎與新娘都誓言不受「服從條款」約束，充分展現異於傳統的觀點和對婚姻的高度期待。

馬歇爾因結婚喪失了在聖約翰學院的研究員身分。夫妻倆曾短暫想過到寄宿學校教書，但布里斯托當地有一所近成立的紅磚學院突然有了校長的職缺，[2] 這是英國第一所實驗男女同校的學校，兩人於是趕緊把握機會，在一八七七年搬到布里斯托。裴利設置網球場，以威廉．莫里斯的風格壁紙裝飾多數房間，馬歇爾則是去挑選二手家具和鋼琴。但裴利很快便重拾教職，開始教導經濟學並輔導女學生。

在當地商界資助下，布里斯托大學將「爲中產階級與勞工階級的男男女女提供通識教育」。雖然學校財源緊絀，馬歇爾任內還是爲大約五百名學生提供日夜課程，贊助勞工社區的演講，爲紡織業勞工提供技術教導，並和地方業者舉辦工程科學生的建教合作。馬歇爾的行政職務繁重，教學量也大。一位學生記得，馬歇爾的正規班學生有小企業家、工會成員與婦女，「和劍橋相較，少了一點學術性……融合了嚴謹的邏輯與務實的問題，其間穿插各種主題的有趣說明加以闡釋」。馬歇爾「講課時不用筆記，窗戶透進來的光照亮他的臉，其餘都在暗處。那是我聽過最棒的課。他說到深信經濟學將來一定能促進社會進步，他的熱忱深具感染性」。馬歇爾夫妻倆在多數下午持續投入《產業經濟學》（*The Economics of Industry*）的寫作，走一段長長的路散步，打了多場草地網球。一個朋友提到「兩人猶似神仙眷侶」。

馬歇爾後來說，閱讀馬克思讓他相信「經濟學家應該研究歷史；過去的歷史和較容易看到的現在的歷史」。但激勵他走入工廠與工業城，去訪問商人、經理、工會領袖與勞工的，終究是狄更斯和梅修。他常說：「我對事實眞相很貪婪。」他要爲那些認眞「過日常生活」的男女而寫。

2 編注：紅磚學院最早是英格蘭幾個工業城市在十九世紀成立的私立研究及教育學院的稱呼，以區別劍橋、牛津大學。此處即指布里斯托大學。

他認為自己應該融合理論、歷史與統計，就像馬克思在《資本論》裡所做的。但他本能地知道，讀者需要有用的務實結論，以及提供大量直接觀察的結果。馬歇爾是嚴謹的科學家，不可能在沒有事實佐證下空談理論，或是仰賴二手敘述。

馬歇爾立志要研究每一種主要產業的細節。他依不同的職業與技能層次收集工資的資料，特別專注於製造技術、產品設計、管理等這些米爾所說的「生產技術」；不過他也承認，雖然知道企業主會不斷努力改善產品、生產方法與供應商，但這些努力很難化為正規的理論。他特別感興趣的，是家族民營公司與愈來愈重要的股份公司有哪些差異？馬歇爾參與委員會與學術組織，擔任倫敦一家慈善機構的董事，維持大量的學術通信，並在妻子的積極協助下，每年夏天都花上數週的時間進行田野調查。

根據裴利的紀錄，馬歇爾其中一次調查涵蓋了「十四個城鎮、礦坑、鋼鐵廠、紡織廠和救世軍」。他的行程安排得非常豐富：柯尼斯頓（Coniston）銅礦、科比（Kirby）石礦、貝洛（Barrow）碼頭、鋼鐵廠、米倫（Millom）鐵礦、近海的懷海芬（Whitehaven）、蘭卡斯特（Lancaster）與謝菲爾德（Sheffield）的煤礦。馬歇爾發明一種整理、取得個人資料庫裡資訊的方法。他的「紅皮書」是線縫的自製筆記本，每一頁包含各種主題的資料，範圍從音樂、科技到工資都有，並按照時間排序。馬歇爾只需將一根大頭針刺入頁上的其中一點，就能看出同時間有哪些發展。

馬歇爾與維多利亞時代大多數的知識分子非常不同，他很欽佩企業家和勞工。卡萊爾、馬克思和米爾認為，現代的生產活動是不愉快的不得已之事，勞動是卑微又極辛苦的，商人都是損人利己而且又很粗俗的傢伙，都市生活很糟糕。米爾認為，除了缺少動機與寬容異己之外，共產主義在各方面都優於競爭制度，期待不久的將來穩定的社會主義國家能實現。但這些知識分子中，無人能像馬歇爾那樣熟悉企業與產業。當然，人類許多勞動在過去與現在確實如同伯克所稱的，是「勞苦一生」。但馬歇爾再次透過第一手觀察，發現現代企業裡至少有一些工作能拓展視野，教導新技能，促進流動，培養遠見與道德行為，當然還能讓人存錢讀書或從商。不僅如此，依據他的觀察，這樣正面的工作愈來愈多，另一種勞苦一生的工作則是逐漸減少。簡言之，投入工商業可以是、也常常是掌控自身命運的第一步。

狄更斯常被視為工業革命的紀錄者，但他敘述的工廠幾乎都像是幻影一般。《艱難時世》（*Hard Times*）裡的苦鎮工廠從遠處看儼然是一具人造怪獸，這座工廠將人變成機器，依自身的恐怖形象重塑了自然與社會環境——嘈雜、污穢、單調，空氣與水皆毒。

> 那是紅磚建造的鎮——如果煙與塵允許可見的話，磚應該是紅的；但那裡的磚事實上是不自然的紅黑色，就像野蠻人塗抹臉上的顏色。那是機器與煙囪高聳的城鎮，煙囪

永不間斷地冒出無止盡的煙蛇，未曾停止盤繞。鎮上有一條黑色渠道，還有一條河被難聞的染料染成紫色，成堆的建物開了許多窗戶，鎮日嘎嘎作響，不停震動，蒸汽引擎的活塞單調地上下跳動，就像一隻陷入憂鬱與瘋狂的象頭。

苦鎮上住著一群「極爲相似的人，全都在同一時間進出，踩在人行道上發出一樣的聲音，從事一樣的工作」。值得注意的是，狄更斯想像在工廠裡，他們「從事一樣的工作」，「每一天都和昨天及明天沒有兩樣，每一年都是去年和明年的翻版」。換句話說，生產過程永遠不會創造出新的東西。

馬克思在《資本論》裡描述工廠時，強調的特質和狄更斯一樣，但欠缺所有的細節；這並不令人訝異，因爲馬克思從未實地走進任何一間工廠。同樣的，人變成「只是有生命的機器附屬品」，工作成了「沒有意義的重複」，自動化「讓工作失去所有的樂趣」。

馬歇爾對工廠與工廠生活的描述比較具體、細膩、有變化。他花了很多時間觀察，記錄製造技術、工資等級與空間配置。從老闆、領班到作業員，他每個都問。當馬歇爾像狄更斯或馬克思一樣遇到了質疑的現象，例如裝配線對勞工的影響——他未必會做出同樣的推論。

公司的特點是每一項作業都細分成許多部分，每個人的工作只侷限在整體作業中的某個極小部分。這是否會阻礙智力的成長？我不認爲……一個人若沒有智力，我們會請他走；在市場的波動下，這種情形很容易出現。一個人若是智力不錯，他能繼續留下來工作；但如果他有更大的抱負，就必須學習認識工作處所的一切，否則沒有機會成爲領班……多數細部的改良都是由工廠領班創造的，大規模的改良更是由一個無須從事其他事的人所創造……很多改良與製造細節有關，例如利用各種設計確保某些零件不會透氣，或讓有些部分能輕易轉動。英國人還發明了舊式羽管鍵琴的制音器（harp stop）。

對狄更斯與馬克思而言，公司的存在是爲了控制或剝削勞工；對米爾而言，純粹是爲了讓業主致富；但對馬歇爾而言，公司不是監獄，管理也不只是讓囚犯乖乖聽話。要競爭爭取顧客或勞工，需要的可不是只有無意義的重複。馬歇爾看到的企業必須進步才能生存。當然，他不否認商人會追逐獲利，他的重點是，企業若要比別人獲得更多利潤，得先創造足夠的收益，以便在支付勞工與管理者的工資、供應商、地主、稅金等等之後還能有餘。管理者要做到這點，必須不斷尋求方法，以同等或更少的資源創造更大的效益。換句話說，提高生產力是競爭的副產品，也是長期決定工資的因素。

一八七九年，《產業經濟學》由英國的麥克米蘭公司（Macmillan & Co.）出版。薄薄的一冊，沒有任何新的理論，文筆簡單直接，很適合初學者，內容包含馬歇爾新經濟學的要義。書中主要訊息概括濃縮如下文：

本世紀初英國經濟學家的主要盲點並非忽略歷史與統計……他們等於將人類視爲一個定量，沒有費心研究其變化。因此，在他們眼裡，供需因素的表現比實際上更加機械化，也更固定；但這些人最大的盲點，是忽略了產業特性和制度有多麼容易改變。

馬歇爾一心一意想探究企業的運作，終而導向他最重要的發現。在競爭的市場裡，企業的經濟功能並非只爲、或主要爲業主創造獲利，而是要爲顧客與勞工創造更高的生活水平。這是如何做到的？以更低的成本和更少的資源去生產、銷售更高品質的產品與服務。爲什麼？競爭迫使業主與管理者不斷追求小改變，以改善產品、製造技術、銷售與行銷。企業不斷努力提高效率，節省資源，發揮事半功倍的效果，慢慢地便能以同樣或更少的資源達到更大的效益。同樣的現象乘以整個經濟體裡千萬家企業，長期下來，漸進改良的累積效果便能提高平均生產力與工資。換句話說，競爭迫使企業提高生產力以維持有利可圖，競爭迫使業者透過提高工資將成果分享給管理階層及員工，同時透過提高商品品質或降低售價與顧客分享成果。

這等於是說，企業是促進提高工資與生活水準的引擎，這種說法和知識分子普遍的反商心態恰相抵觸。眾所周知，亞當．史密斯形容競爭的益處有如看不見的手，會引導生產者在不自知的情況下爲消費者服務，但他並不認爲屠夫、麵包師傅、大型股份公司的角色是要提高生活水準。馬克思雖體認企業能驅動科技改良與提升生產力，他也無法想像企業可能提供方法讓人類得以逃離貧窮及掌控物質環境。

馬歇爾的書出版後發生了一場嚴重的危機。一八七九年春，他被診斷出罹患腎結石，這在當時無法以手術或藥物治療。醫生告訴他：「不能再長時間散步，不能再打網球，唯有完全休息才有治癒的可能。」馬歇爾事後回憶：「對一個熱愛運動的人而言，醫生這番勸告是很大的衝擊。」這種既痛苦又讓人體衰病弱的疾病喚起馬歇爾以往對毀滅的恐懼，這是他從童年時期一直潛藏心中的恐懼。不過才幾週前，他還獨自前往達特矛斯沼澤地（Dartmouth）健行，現在卻像個殘廢無法出門，織毛線打發時間。某位布里斯托的友人記得去探望馬歇爾時，感覺他看起來像個七旬老人：

他……看起來很老很衰弱。聽說他一腳已踏進棺材了，我相信眞是如此。我彷彿看到他緩緩走在艾普斯利路上（Apsley Road）的樣子……穿著大衣，戴著黑色軟帽……下回再看到他是一八九〇年……我驚訝地發現，他的實際年齡竟比我十幾年前記得的模樣還小了三、四十歲。

馬歇爾變得更加倚賴裴利，這讓她的角色愈來愈像護士而非他的知性伴侶。疾病縈繞他的心中。馬歇爾一向很容易遭遇寫作撞牆期，他現在明白必須專注精力繼續寫書，一方面希望能寫出一本超越米爾，也許還有馬克思的著作，結合新理論以及從現實世界裡新擷取的報告，另一方面卻對自己的力不從心懷著等同的恐懼。隨著視野變得更爲寬闊豐富，馬歇爾對先前所寫的內容益發不滿意。早在病情突然爆發之前，他已決定放棄出版貿易方面的書。一八七八年他寫道，「按目前的狀態，我確定絕對無法寫出我滿意的書」。沒過多久，他對於先前和裴利合寫的書也變得不滿意。但一八八一年，在義大利西西里島的巴勒摩市（Palermo）內的一處屋頂，他開始撰寫《經濟學原理》。

一八八〇年代初的大蕭條期間，很多人提出了各種萬靈丹，其中美國記者亨利・喬治（Henry George）的土地稅吸引最多人關注與支持。他因暢銷書《進步與貧窮》（*Progress & Poverty*）

一夕成名，演講總是大爆滿。他的立論基礎是，貧窮增長的速度比財富更快，而這都要歸咎地主。他指出，「地主能獲取大筆收入不是因爲服務社會，不過是因爲有幸擁有房產。不僅如此，租金的上漲讓商人沒有資金可用於投資，從而壓低獲利與實質工資。」既然租金收入是貧窮的原因，他提議矯正之道就是對土地課徵高額稅金。他指出，有了土地稅之後，不僅不需要再課其他的稅，而且能「提高工資，增加資本盈餘，根絕接受救濟者，消除貧窮，提供可賺錢的就業機會給任何有意願者，讓人類的才能得以自由發揮，降低犯罪率，提升道德、品味與智力，淨化政府，將人類文明提升到更高的層次」。

馬歇爾在撰寫《經濟學原理》期間，再次捲入沸騰多時的生活水準爭議。一八八〇年代初，這段財政與經濟危機時期導致激進主義與要求社會改革的呼聲再度興起，世人也愈來愈懷疑經濟成長對廣大民眾能有多少助益。未受人雇用而「失業」一詞便是誕生自一八九三年的金融恐慌之後的經濟衰退期間，某次討論實質工資長期而言究竟是漲或跌的激烈爭辯中。

爭辯的焦點是探討競爭的主要影響。競爭是否會導致雇主競相殺低工資？或是如樂觀主義者所堅信，競爭會迫使公司不斷努力提高效率、生產力以及工資的平均水準，進而減少貧窮人口？

馬歇爾和亨利．喬治的首次正式辯論於一八八四年發生在牛津的克萊倫登飯店內。

辯論者的聲音一再被喝倒采、鼓掌與噓聲淹沒。一位大學生一度覺得有必要嚴正提醒主席，「有女士在場」。到了十一點，吵嚷聲實在太大，喬治宣稱那次會議是他「參加過最沒有秩序的」，拒絕再回答任何問題。在「巨大的嘈雜聲」，以及「土地國有化」、「土地搶劫」的抗議聲中，會議「很突然地結束了」。

若說馬歇爾在一八七四年支持農工雇主主動停工，代表他拒絕接受古典經濟學的「教條」，十年後他和亨利．喬治的對立則顯示他也反對流行的新教條。

馬歇爾在其他場合批評亨利．喬治以土地稅解決貧窮問題時，稱喬治是「詩人」，稱讚「他的生命觀清新且認眞」。但在克萊倫登飯店辯論時，馬歇爾顯然沒那麼禮貌了，他指責喬治自知「掌握獨特且幾乎前所未有的力量，能抓住人們的注意力……故意灌輸毒素到他們的腦子裡」。他所謂的「毒素」是指亨利．喬治提出解決貧窮問題的萬靈丹。

馬歇爾在布里斯托演講時，秉持他的原意，「避免花太多時間談喬治這個人，而是專注討論他提出的主題」；馬歇爾說，喬治的副標題探討一個問題，「隨著財富增加，貧苦的人反而更多。但我們果眞確定貧苦之人隨著財富增加反而更多了嗎？……我們就來探討事實究竟如何」。

馬歇爾列舉統計資料爲證，其中許多資料都是他與裴利收集在紅皮書內的；他指出，結構中只有「最底層的」勞工階級被推向更下層，而該階層的人數也比先前更少，所占人口的比例較世紀初少了一半以上，而整體勞工階級的購買力則是倍增三倍。「英國的總收入將近一半屬於勞工階級……因此，創新發明的進步所帶來的總體益處，應該有極大一部分落在勞工階層身上」。

馬歇爾充分運用他對經濟史愈來愈豐富的知識。他相信，不論這個時代有多少弊病，和過去相較都是小巫見大巫。「除了新興國家之外，全世界幾乎沒有任何地方的勞工階級像英國一樣富裕」。馬歇爾口出此言的時間是史學家後來稱之爲「大蕭條」的時期，這也讓馬歇爾的樂觀主義格外值得注意。

馬歇爾在第二次演說時挑戰亨利．喬治所說的，支付低薪的雇主要爲貧窮負責。其一，雇主無法決定勞工的工資，正如他們無法控制棉花或機器的價格。雇主支付的是市場的水準，生產力很高的勞工可能所得較高，生產力低的便較低。「很多英國勞工階級沒有得到適當的營養，極少人得到適當的教育」。「很多英國人的工資太低，不少人陷入眞正的貧困」，原因在於生產力太低。馬歇爾並不否認「整體而言，某些方式的土地國有化可能是有益的」，但他指出，「沒有任何方式能神奇地立即解決貧窮問題，我們必須願意尋求較不那麼譁眾取寵的藥方」。

馬歇爾說，這個藥方就是提高生產力。其中一個方法是：

透過最廣泛意義的教育，讓無技能與無效率的勞工消失。另一方面——這句話是本人所有關於貧窮的討論裡最重要的話——如果要讓無技術勞工的數量減少到合理的程度，必須提供那些從事無技術工作者不錯的工資。如果總生產量沒有增加，這些額外的工資將必須從資本家與較高階勞工那裡支付……但如果無技術勞工減少是因爲勞工效率提高之故，那麼就會提高生產力，也就有更多的資金可供分配。

馬歇爾並不反對工會、累進稅，甚或某些相當激進的土地改革提案。他只是說這些都無法創造出「更多的麵包與奶油」。這需要「競爭」、時間，以及社會、政府、窮人各方面的合作。

他指責喬治不該胡亂開藥方。問題不只是「喬治先生主張，『如果你想變富有，從土地下手』」，而是這會讓人把關注焦點從教育訓練、努力工作以及節儉上移開。喬治的方法「讓勞工每一先令的收入增加不到一便士……而喬治先生爲此卻不惜嗤之以鼻地看待所有勞工努力自助的計畫」。

一八九〇年，馬歇爾的《經濟學原理》終於出版，爲搖搖欲墜的經濟學注入了新生命。馬歇爾的學術領袖地位因此確立，同時也成為當局尋求意見的權威對象。

《經濟學原理》一書具體展現馬歇爾反對社會主義的立場，擁護私產與競爭，樂觀相信人類和其境況是能改善的。該書描繪的經濟學不是一種教條，而是「思考的工具」。正如狄更斯所希望的，馬歇爾讓經濟學站在更健全的科學基礎上，讓經濟學更人性化，注入一些些「人性的光輝……人性的溫度」。

但書中最重要的見解也反映出他在美國學到的心得。企業在私產與競爭的制度下，不斷承受壓力，必須以相同或更少的資源發揮更大的效益。從社會觀點來看，企業的功能在於提高生產力，因而能提高生活水準。

在所有的社會制度裡，美國的企業較諸其他國家更加重要，占有更高的地位，同時也在形塑美國人的思想與文明上扮演更重要的角色。在美國，企業不僅是財富的主要創造者，也是促進社會改變的最重要催化劑、最大的人才磁吸中心。狄更斯筆下描寫的商人各個有如白癡或掠奪者，勞工像機器人，成功的製造業是僵硬的一再重複——觀諸美國企業，這樣的形容實在太可笑。美國的生產力正以難以想像的超快速度成長，這個不爭的事實證明至少整體而言，企業一定不只是劫貧濟富，或只是年復一年重複同樣的工作。馬歇爾去參觀工廠時，印象特別深刻的是看到經理不斷尋求小小的改良，以及勞工同樣努力不斷尋求更好的機會和有用的技能。兩者似乎都一心一意地想充分利用自己能掌控的資源。

馬歇爾當然體認到，企業的存在也是爲了創造業主的獲利、高階主管的薪酬與勞工的工資。亞當．史密斯曾指出，企業面對競爭的壓力，若要追求本身最大的收入，必須盡可能壓低成本與增加生產來造福消費者。但馬歇爾將時間的因素也計入分析。長時間下來，企業必須愈來愈有生產力，才可能維持獲利與存續下去。在競爭之下求生存不只要不斷調適，如果企業要競爭爭取最具生產力的勞工，終究要將提高生產力帶來的獲益與勞工分享。

這正是米爾與其他政治經濟學創始人所否定的。他們認爲，生產力的提高帶給勞工階級的利益很少，甚至完全沒有。在他們想像的公司裡生產力也許會大幅成長，但工資從來不會高出某種自身的生理極限太久，工作條件甚至會隨著時間更加惡化。馬歇爾看到這不是事實，而且也不可能如此。競求勞工迫使業者需將得自效率與品質改良的利益與勞工分享——勞工先是以賺取工資的勞工身分，接著再以消費者的身分去分享這些果實。證據顯示馬歇爾是對的，工資在GDP這個包含工資、獲利、利息與經營者收入在內的一國年收入中所占比例是上漲而非下跌的，工資與勞工階級的消費水準亦然。事實上，自從一八四八年《共產黨宣言》與米爾的《政治經濟學原理》問世之後，大部分年份的表現都是如此。

第三章　波特小姐的職業——碧翠絲・韋伯與家政國

她渴望有某種東西能讓她的生活充滿既理性又熱情的生命力；既然時間能爲我們指引未來，那麼，除了知識還有什麼可爲明燈？

——喬治·艾略特，《米德鎮的春天》

每年三月，「人數上萬的上流階級」就像一大群羽毛鮮豔的珍奇候鳥，降臨倫敦。在倫敦「交配季」的三、四個月裡，英國的菁英階層全力投入精心安排的配對儀式。這些人早上通常會沿著海德公園的羅敦小路或仕女道騎馬，下午則是男性前往議會或俱樂部，妻女則去購物或社交拜訪。到了夜裡，人人都在歌劇院、餐會和舞會場合見面，把握機會展示自己。每隔幾天便會有不可不參加的賽跑、划船比賽、板球比賽或畫廊開幕，讓行程有些許變化。

就像維多利亞時代上流社會的其他層面，這些人如此熱烈投入看似瑣碎的享樂，其實是一樁正經事：這個「交配季」從議會重啓會期開始，倫敦成了全球婚姻市場的中心。有錢的父母思量讓女兒參加兩、三次倫敦社交季，就像送兒子進牛津或劍橋一樣。這是極度繁複的交配遊戲，參與其間所需的費用與心力絕對與送兒子上大學不相上下。如果家族沒有一間「在城裡的」固定房子，就得在時髦的地段找一間堂皇的華邸，此外還要添購、運送大量昂貴之物，因爲「馬匹與馬車所需的馬房、精緻的衣物、餐宴、舞會、野餐、週末派對所需的一切食物與裝備」在禮節上都被視爲不可或缺。當然，這樣大規模的社交活動需要一個掌理者來監督「龐大的計畫，大量的雇員與無數的決定」——換句話說，需要一個「主婦」。

這些正是碧翠絲・波特（Beatrice Ellen Potter）腦中盤算的事。她是波特家九個女兒其中的第八個，家人暱稱她寶或碧；她的父親是來自格洛塞斯特（Gloucester）的鐵路大亨理查・波特（Richard Potter）。一八八三年一個二月濕冷的午後，她和父親同乘一輛馬車，在一幢乳白色義大利式大別墅的豪華庭院前停了下來。這位身型纖瘦的年輕女子頗具威嚴，冷靜地審視著王子門街四十七號。這裡將成爲龐大的波特家族在本季的社交總部，成員包括她的已婚的六位姊姊及其大家族。這幢五層樓高的大宅門面頗豪華，有愛奧尼亞柱頭、科林斯式壁柱、高高的窗戶和許多花果，而且正對海德公園。從落地雙扇門望出去，屋後是一大片平台式的草坪，有古典雕像和巨大花盆點綴，茂盛的深紅色天竺葵從盆邊垂下，屋子兩旁的房子也同樣富麗堂皇。波特的父親之所以選擇王子門街，正是因爲可以和同樣有錢有勢的人爲鄰。美國銀行家摩根（Junius Morgan）租下十三號，來自曼徹斯特、原本是工業家、後成爲自由黨政治家的約瑟夫・張伯倫（Joseph Chamberlain）則爲本季租下四十號；在日後成爲英國首相的亞瑟・納維爾・張伯倫（Arthur Neville Chamberlain）正是約瑟夫的兒子。對波特家這位聰明的女兒來說，這裡是完美的地點。

二十五歲的碧翠絲已是社交圈的沙場老將，她參與過近十次倫敦社交季，但從沒戀愛過。碧翠絲的職責是在七月份社交活動結束、大家返回鄉間之前，盡情地享受近五十場舞會、六十場派對、三十次餐會與二十五次早餐。這些活動幕後所需的「所有繁複設計」和她一點關係都沒有。但今年不同了。自從她們的母親在去年春天過世之後，除了十三歲的蘿絲（Rosie）之外，碧翠絲是波特家姊妹裡唯一仍住在老家中的。突然間，她被升格為波特家的女管家。

離開格洛塞斯特之前，碧翠絲鄭重發誓「要將自己貢獻給社會，一定要成功」。她所謂的「成功」是指嫁給一個重要的男人，和每位姊姊一樣，雖然她用了「貢獻」一詞暗示成功的代價是犧牲自我。最近的例子是她最喜歡的姊姊凱特，她等到三十一歲高齡才嫁給一個傑出的經濟學家與自由黨政治家柯尼（Leonard Courtney），目前為財政部祕書。她的父親深信碧翠絲也會嫁得一樣好。碧翠絲除了美貌、教養和財富，還有引人注目的特質；她細長優雅的頸子、銳利聰慧的眼睛、亮澤的黑髮，會讓眾人在擁擠的房間裡初次見到她時，聯想到美麗但略帶危險性的黑天鵝。男人為她著迷，特別是在明白她根本不把他們當一回事時。

波特一家人抵達後，家裡亂了一陣子，隨後有更多侍從、馬匹與馬車到達。最後，當僕人都退下，父親吃了晚餐，碧翠絲上樓找到她自己選定在屋子後頭的房間。現在她能想想安排座位和菜單之外的事了——亦即她帶過來讀的書，她打算學習的東西。碧翠絲不認為她的諸多興趣和責任之間有什麼本質上的衝突。畢竟此時位居英國王位的是一個婚姻幸福的女性，喬治．艾略特也是當時最成功的作家。碧翠絲十八歲時花在研究東方宗教的時間比準備「初入社交界」的更多。

從她的臥房窗戶向外望，可俯瞰維多利亞與亞伯特博物館（Victoria and Albert Museum）。她突然想到，展現人類聰明才智的偉大標竿就在倫敦的中心，卻奇妙地「不受這個大城市繁忙的生活所干擾」。碧翠絲心想，自己是否也能在擁擠的會客室與劇院裡維持像佛陀一樣的超然，能否在滿足社會期待的同時，又可培養生活中「深思」的一面——這一面不斷驅策她自問：「我要過何種生活，目的是什麼？」

碧翠絲從十五歲起就不斷思索自己的命運。她的母親與姊姊一向認為她的執著太不健康。光是做一個「時髦的波特小姐，住在花園豪宅，嫁給很有錢的人」難道還不夠嗎？碧翠絲若是維多利亞時代小說的女主角，作者一定會認為得提出某種特別的理由，才能讓女主角對命運的思索成為「讀者興趣的焦點」。亨利．詹姆斯在一八八一年出版的《一位女士的畫像》（*The Portrait of a Lady*）中就做到了這點。他在前言裡問：「數以百萬計勇往直前的女孩，不論聰明與否，天天皆反抗她們的命運，她們有哪些最好的發展，可能值得我們費心探討?」在中產階級婦女除了早婚生子之外沒有其他選擇、在一八八二年的「已婚婦女財產法」（Married Women's Property Act）讓女性有權擁有自己的收入之前，《一位女士的畫像》再三探討的「她會怎麼做呢?」根本引不起讀者的興趣。

碧翠絲的親戚、出身貧窮牧師家庭，後來成爲小說家的瑪格麗特・哈尼斯（Margaret Harkness）在兩人一起讀書時，曾帶著一絲惱怒地問她：「妳這麼年輕貌美，有錢又聰明，妳還要求什麼?爲什麼還不滿足?」碧翠絲就像詹姆斯筆下的女主角伊莎貝爾・亞契（Isabel Archer），在成長過程中異於尋常地享有旅行、閱讀、交友的自由，還能滿足她「對知識的巨大渴望」與「對生命的強大好奇」。碧翠絲比較喜歡和男性相處，也認爲多數男性理所當然會被她強烈吸引；但她就像伊莎貝爾一樣，並不想「以結婚的方式展開人生」。她希望自己在智性上的成就能和女性魅力一樣贏得他人認可。年復一年，碧翠絲愈來愈渴望擁有「眞正的目標與職業」；她意識到「一種特別的使命」，滿心相信她理應過著「有成就的人生」。她就像《米德鎭的春天》裡的多蘿西亞，渴望擁抱某種原則，「好讓人生得以充滿理性與熱情兼具的內涵」。

兩種因素分別形塑了碧翠絲的特質與才智，她的特質是因爲她誕生在英國「新的支配階級」，才智則是因爲她「在資本主義的投機風潮」與「大企業不安現狀的精神」當中長大。史學家芭芭拉・肯恩（Barbara Caine）指出，碧翠絲突顯了她所屬的階級不但富有，而且「這個階級習慣於對別人下命令，卻很少或從不執行他人的命令」。她的內外祖父都是白手起家，父親雖在一八四八年失去大部分遺產，之後卻也因爲在克里米亞戰爭時提供帳篷給法軍而快速賺回。到一八五八年碧翠絲出生時，理查・波特先生已從木材與鐵路累積到第三筆財富，成爲大西方鐵路公司的董事，也是未來的董事長。波特先生比較像是創業家與投機者，而非實際管理者；他還曾一度考慮建造水道，與蘇伊士運河相媲美。他的事業從土耳其到加拿大皆有，經常和家人到處旅行。波特家在格洛塞斯特的房產就像飯店一樣豪華，送往迎來，一批接一批的親戚、賓客、員工和食客紛紛登門。

雖然理查・波特到了中年開始支持保守黨，但他從來不是典型的保守黨財閥。他的父親是棉花批發商，曾是議會的改革黨，協助創辦《曼徹斯特衛報》；碧翠絲常說該報是「我們的傳播媒體」。他熱衷求知，心胸開闊，個性開朗；科學家、哲學家、記者都和他結爲好友。赫柏特・史賓塞是一八六〇及七〇年代極受敬重的英國知識分子，曾擔任鐵路工程師以及《經濟學人》社論主筆；他稱理查・波特爲「我見過最可愛的人」。儘管這位波特先生以輕鬆的態度漠視史賓塞對哲學的興趣，也澆不息史賓塞對他的終生敬愛。

每一個傑出的女性背後都有一個了不起的父親，這幾乎已是至理名言。理查・波特鼓勵碧翠絲和姊妹們多多閱讀，讓她們自由進出他的大圖書室。他不會限制她們相互討論或交友，而且非常喜歡女兒相陪作伴，幾乎每次出差一定會帶一個隨行。碧翠絲聲稱，「在我所知道的人裡，只有他眞正相信女性比男性優越，而且也表現在行爲上」。她認爲自己能如此「大膽與勇敢，熟悉大事業的風險與機會」，都要歸功於父親。

從某些方面來看，波特太太羅倫西娜（Laurencina Potter）甚至比丈夫更異於常人。她和特洛勒普小說裡描寫的肥胖、平和型的婦人差異極大，比非典型商人的丈夫更特別。史賓塞在波特夫婦婚後不久與兩人初次見面時，便認爲這對夫妻是「我見過最讓人欣羨的一對」。在更熟識後，他很驚訝地發現羅倫西娜表面雖然看似如此柔美、優雅、高尚，背後竟隱藏著「非常獨立的性格」。羅倫西娜與隨遇而安的丈夫恰恰相反，她理智、嚴謹、永不滿足。她的娘家姓海華斯（Heyworth），出身於自由的利物浦商人家庭，父母對她的教養與對兒子無異；訓練她學習數學、語言和政治經濟學。羅倫西娜年輕時在當地就很有名氣，還因熱衷鼓吹反對穀物法而成爲報上某篇文章的主角。數十年後，碧翠絲經常在母親的梳妝台上看到探討經濟議題的小冊子。

羅倫西娜很不快樂。她的女兒不難猜出母親爲何如此挫折。她夢想的婚姻生活是「與我父親成爲親密的智性同伴，也許能有學術上的成就，周遭環繞優秀的朋友」。但她婚後前二十年幾乎都在懷孕或哺育；當丈夫因公出差，與作家及知識分子共餐時，她卻被丟在家裡和幼兒同處。羅倫西娜眞正的抱負是寫小說，在被家庭生活淹沒之前，的確也出版過一本《蘿拉》（*Laura Gay*）。

羅倫西娜在生下第九個孩子，也是唯一的兒子狄奇（Dickie）後，全心全意地照顧。狄奇兩歲時死於猩紅熱，她陷入重度憂鬱，對其他的孩子很冷淡。當時才七歲的碧翠絲之後回憶，母親是「很遙遠的人，總是在和父親討論事情或在房內看書」。母親的冷淡態度讓碧翠絲相信，「我不是要被愛的；我的性格裡一定有某種可厭的特質」。羅倫西娜很情緒化，愛裝腔作勢，常會撒小謊、誇大其詞，同時也遺傳了海華斯家族厭世與自殺的傾向；羅倫西娜有兩個親戚自殺身亡。碧翠絲長大後回憶，「整體來說，我的童年並不快樂。身體不好，很渴望愛，加上因此產生的精神異常，壞脾氣，憤世嫉俗，破壞了我的童年……全然的**孤單**」。碧翠絲小時候就曾拿著裝有痲醉藥的瓶子胡思亂想。

一位傳記作家指出，碧翠絲在遭到母親排拒後，便轉向「樓下」協助持家的僕人中尋求溫暖。她和姊姊們特別喜歡和負責看顧孩子的瑪莎・傑克森（Martha Jackson）親近，稱呼她姐姐（Dada）。碧翠絲後來知道，姐姐其實是母親那邊的親戚，家裡雖然窮，但受人尊敬，在蘭開夏從事編織工作。肯恩認爲，是姐姐灌輸了碧翠絲原罪的觀念，讓她一心要做好事，並且終其一生對「可敬」的貧窮勞工非常認同。但激勵碧翠絲寫作的是母親的身教。碧翠絲從十五歲開始寫日記，終身持續。「有時候，我覺得彷彿非寫不可，好像得將可憐的扭曲思想傾注於某人的內心，即使那個人就是我自己」。

經常到波特家登門拜訪的知識分子包括生物學家赫胥黎（Thomas Huxley）、達爾文的表弟高頓（Sir Francis Galton），以及其他支持顛覆傳統觀念的新「科學」觀的人。在碧翠絲十幾歲時，和波特家同樣特立獨行的新教徒赫柏特．史賓塞成了羅倫西娜的密友，也是波特家最重要的知識影響力。

史賓塞是「適者生存」一詞的發明者，在一八六〇年代比達爾文更有名。他認爲社會制度就像動植物一樣會演化，因此可以像動植物一樣被觀察、分類與分析；這個觀點引起了廣大群眾的興趣。史賓塞是最早倡導演化論的人之一，本身是反對奴隸制與支持婦女選舉權的激進派。他對政府規範太多與制定高稅賦的憎惡很能打動正向上爬升的中產階級與中下階級，而且史賓塞拒絕完全排除上帝存在的可能，因而更受歡迎。

但名聲似乎並不適合他。史賓塞由於健康狀況不穩定，又容易疑心，隨著年齡增長變得益發古怪自閉，他如果不是在俱樂部或獨自待在房裡，就是去找波特夫婦和他們的孩子。他是波特老家的常客，非常樂意把波特家的姊妹從女教師那兒解放出來，一邊喊道：「順從不是好事。」通常他會帶她們去採集標本，以說明他的演化觀。夏天時，當波特一家在科茨沃（Cotswold）度假，他會穿著一身亞麻白衣，拿著陽傘，帶路穿行山毛櫸林與老梨子果園，走在後頭的是「非常美麗且富創意的」一群瘦高的女孩，剪了男孩般的黑短髮，穿著淺色印花布，拿著水桶和網子。他們一群人不時停下來挖化石；格洛塞斯特當地的舊鐵路開鑿處或是石灰岩的採石場原本都處在溫暖的淺水底下，幾千年後累積了豐富的鸚鵡螺、海百合、三葉蟲、海膽的化石。女孩們並不認眞看待這位過度理性的朋友，她們會在嘻笑聲中齊聲問：「史賓塞先生，我們是從猴子變來的嗎？」「人類約百分之九十九是往下發展，百分之一是向上攀升！」——他每次都相同的回答總會引發連串的笑聲，偶爾還會有山毛櫸枯葉落下，連番攻擊這位哲學家「卓越的腦袋」。

碧翠絲是波特家姊妹裡最愛讀書、也最情緒化的，她對史賓塞卓越腦袋的運作方式一直很感興趣。史賓塞也鼓勵她，說她是「天生的形上學家」，拿她與他的偶像艾略特相提並論，爲她開書單，鼓勵她追求自己的學術抱負。碧翠絲若沒有史賓塞的支持，或許會過著習俗認爲應該過的生活，她有時自己也認爲應該如此。

碧翠絲受過的正規教育少得讓人驚訝，就像許多上層階級的年輕女性，只侷限於幾個月的流行社交禮儀學校；一部分是因爲她經常生病，包括幻想生病和眞的病了，另一部分則是因爲儘管依當時標準來看，她的父親稱得上非常開通，卻也未曾想過送她去讀大學。因此碧翠絲大部分是在家受教育，亦即自學和自由閱讀，甚至包括公立圖書館所禁的書。她在日記裡寫道：「就像母親所說的，我太小，教育程度太低，更糟糕的，太膚淺，因而不適合當她的伴。但我必須鼓起勇氣，嘗試改變。」羅倫西娜在多數地方都很節儉，但對於購買報紙雜誌卻很慷慨。碧翠絲投入母親最感興趣的宗教、哲學與心理學。她最愛讀的是艾略特以及當時流行的法國哲學家及社會學先鋒孔德（Auguste Comte）。

碧翠絲可以無限制地閱讀父親的藏書和母親的刊物，很少有女孩像她那樣有機會接觸維多利亞時代後期極重要的宗教與科學爭議。她後來回憶：「我們確實活在持續發展變動的狀態中，接觸並質疑人類在今世與來生的責任與命運，以及當代的各種假說。」在碧翠絲十八歲將要初次參加社交活動時，她已經捨棄舊的英國國教信仰，代之以史賓塞「和諧與進步」的新觀念。此外，她也擁抱這位導師的自由意志主義政治信念，以及他對「科學調查者」的理想。後者的意象激起她「對事物的本質產生強烈的好奇心」，「渴望以居高臨下的方式鳥瞰人類的活動」，暗地抱持「寫一本傳世著作」的野心。

三週後，人在王子門街的碧翠絲因為「時間與心力備受拉扯」而苦惱。在一次特別無聊的餐會之後，她懊惱地發現「那些女士怎會如此面無表情」。她不再了解「聰明的女性為何想嫁進以此為社交模式的環境」。她將心中的不滿發洩到日記裡：「我覺得自己像籠中鳥，被身分地位帶來的奢華、舒適與他人的敬重束縛住。」

碧翠絲渴望愛也渴望工作，但她開始懷疑，同時擁有兩者的機會是否不比可憐的母親更高。當亨利・詹姆士筆下的伊莎貝爾堅持「還有別的事是女人可做的」，她想的應該是一小撮自立更生的女性專業人士，她們能隨自己喜好結交朋友、選擇談話對象、租房自居或獨自旅行。

但碧翠絲細思之後明白，這樣的女人得放棄許多東西。她曾在大英博物館碰到惡名昭彰的馬克思的女兒伊蓮諾（Eleanor Marx），她「穿著別緻但邋遢，黑色捲髮四散飛舞」！碧翠絲很欣賞伊蓮諾智性方面的自信與浪漫的外貌，但很不喜歡她的波西米亞生活方式。她告訴自己：「可惜一個人若要與其他人往來，或多或少得與他們**建立關係**。」她很欣賞她的親戚哈尼斯，她後來寫出《最黑暗的倫敦》（*In Darkest London*）、《城市女孩》（*A City Girl*）及其他社會小說。哈尼斯獨居在布倫貝里區（Bloomsbury）的一房破爛公寓內，試過教書、護理、演戲，之後才發掘出寫作才能。她的家人嚇壞了，哈尼斯被迫與家人斷絕關係，這看在碧翠絲眼裡就和移民美國一樣難以想像。她希望自己能更滿足，「我這樣一個可憐的井底蛙，爲什麼要把自己吹捧成專業人士？要是我能拋掉想成就的惱人慾望……」

這次又是史賓塞拯救了她。史賓塞建議碧翠絲替代姊姊，志願到倫敦東區去收租，藉此可爲進行社會調查的事業預做準備，同時繼續私下的研究。就像上一代的馬歇爾，碧翠絲發現自己很受倫敦吸引。她參加了慈善組織協會的聚會，這個民間團體專門推廣以「科學」或有證據爲基礎的慈善，還有自助人助的觀念。「人應該靠自己賺錢，努力養活自己……盡可能少倚賴國家」。過往的訪貧工作一向由女性承擔，但到了一八八〇年代，社會工作成了適合老處女和無子嗣的已婚婦女從事、頗受敬重的職業。這份工作有多重吸引力。碧翠絲觀察：「走入窮人之中對我們有明顯的好處……能從他們身上得到新奇有趣的生活經驗；研究他們的生活與環境可得到重要的事實，據以解決社會問題。」她在不久之後想到：「要是我能在這件事情上投注一生就好了……」不過，碧翠絲只曾在幾個月前到白教堂地區的住宅區做過兩三次拜訪。她嘆氣道：「我若想如願獲得必要的訓練，恐怕很難兼顧我的職責。」

同一個月的某晚，碧翠絲醒著躺到天亮，興奮得睡不著。她去參加鄰居的餐會，碰到了約瑟夫・張伯倫。他是英國最重要的政治人物，也是她見過最威風凜凜、最有領袖魅力的人。

約瑟夫・張伯倫比碧翠絲年長二十二歲，兩度喪偶，但整個人散發出年輕的活力與熱情。他身材魁梧，頭髮濃密，眼神銳利，聲音出奇地帶有吸引力，儼然是天生的領袖。他因製造螺絲而賺進大把鈔票，之後進入政界，成爲富有改革意識的伯明罕市長。他在任期四年內「建公園、鋪路、規範商品價格標準、行銷、提供燃料與用水」，將骯髒的工業城**改造**成模範大都會。張伯倫花了幾年重建傾頹的自由黨政體，得到閣員職位的獎賞。

碧翠絲遇見張伯倫時，他已是英國政界的麻煩人物。他利用單片眼鏡、訂製西裝，和領子上的新鮮蘭花製造出來的優雅是不太自然的，不太適合他煽動民眾的形象。但在當年的激烈辯論中，張伯倫讓選民專注在貧窮與投票權這兩個問題上。他利用閣員身分主張男性普選權、更低廉的住房、提供免費土地給農工。他邀請保守黨黨魁索爾斯伯利侯爵（Lord Salisbury）造訪伯明罕，結果卻只落得在抗議群眾前發表主題演講，此舉激怒了保守黨。他的對手稱他爲「英國的羅伯斯比」（English Robespierre），指控他煽動階級仇恨。[1]維多利亞女王要求張伯倫爲他在勞工階級示威時侮辱皇室道歉。史賓塞告訴碧翠絲，張伯倫「這個人也許出發點是善意的，但可能、而且真的會造成難以估計的破壞」。

碧翠絲身爲史賓塞的門徒，對張伯倫代表的一切幾乎都不贊同，尤其是他以民粹方式訴諸選民的情緒。但張伯倫卻又讓她覺得刺激。碧翠絲在日記裡寫道：「我喜歡他，

1 編注：諷刺張伯倫等同法國大革命時期雅克賓派政府首腦之一的麥西米蘭·羅伯斯比（Maximilien de Robespierre）。

又不喜歡他。」她意識到這有些危險，嚴厲警告自己「和社會上『聰明的男人』談話容易落入陷阱與錯覺……不如讀他們的書要好得多」。但她並沒有聽從自己的建議。

波特家和張伯倫在王子門街比鄰而居，張伯倫這位引發爭議的自由黨政治人物和時髦反傳統的波特特小姐難免會時常碰在一起。他們第二次見面是七月份在史賓塞的年度野餐上。碧翠絲整晚都和張伯倫談話，不得不承認「他的性格讓我很感興趣」。幾週後，她湊巧夾坐在張伯倫和一位擁有龐大產業的貴族之間。她開玩笑說：英國的「輝格黨（Whigs）同儕只談自己的產業，張伯倫則是爲了全體民眾的利益，**熱烈地**緊抓住別人的產業」。他的政治觀雖令人反感，但他的「智性的熱情」與「滿懷的**野心**」卻很吸引她。碧翠絲心裡想：「我眞想好好研究這個男人！」

碧翠絲是在欺騙自己。她這位社會研究者和客觀的觀察者已經無法站穩立場，滑進情感的「漩渦」，無法抗拒地被吸引，卻又無法理解與控制。她苦惱地思索著若成爲張伯倫的妻子是否會快樂。她習慣迷倒周圍的男人，太輕易征服的對象無法讓她滿足。由於孩提時期太缺乏感情，她渴望抓住某種男人的注意——這種男人專注的不在她，而在某種重要的事業上。張伯倫志在成爲首相，要求追隨者與家人對他盲目地忠誠；他誘惑群眾的方式就像男人誘惑女人一樣。他是碧翠絲遇過最強勢的男人，難道他不希望有個堅強的伴侶？

碧翠絲試著分析自己爲何特別迷戀張伯倫。她在日記裡寫道：「愛情的平凡之處，總讓我感覺乏味。」

但張伯倫是那樣憂鬱嚴肅，完全不表現慇懃或甜言蜜語。他很簡單地假定、幾乎斷定妳的層次遠低於他，妳的一切都是瑣碎的；妳在這世界上唯一的重要性就是與他有那麼一點關連；但這種追求，如果我能稱之爲追求的話，至少能豐富我的想像。

碧翠絲有點期待張伯倫會在倫敦社交季結束前表白，但他並沒有求婚。碧翠絲失望地回到史丹迪士的老家，「夢想未來能有所成就，或許能得到——愛」。九月份，張伯倫的妹妹邀她到張伯倫家的倫敦宅邸作客。碧翠絲再度以爲張伯倫要求婚了。她告訴自己：「在這樣誠懇的情境表白，他的意圖當然**必定是**直白的。」儘管張伯倫的意圖已引起波特家的討論，但他還是沒有表示。碧翠絲試著降低自己和姊妹的期待：「如果就如張伯倫小姐所說的，那位動爵對女人的觀點很傳統，我的反傳統或許爲我省去了所有的誘惑。我肯定不會掩飾我的性格。」

十月份，當碧翠絲正在史丹迪士爲張伯倫痴迷，自由派的《佩爾美爾街報》刊出一篇文章，節錄一位公理會牧師在親身觀察倫敦東區後所寫的小書。這一系列報導以駭人的細節揭露當地悲慘的居住情形，讓中產階級既憤慨又震驚。就像梅修在一八四〇及五〇年代對窮人的目擊敘述，這篇《被遺忘的倫敦在悲泣》（*The Bitter Cry of Outcast London*）記錄下擁擠、無家可歸、低薪資、疾病、骯髒與饑餓。但正如希梅爾法布所指出的，更讓人震撼的，是文中暗示的雜交、賣淫與亂倫：

喪德只是這種情況的自然結果……如果你問，這些貧民窟裡同居的男女是否已婚，你的天眞會讓人一笑。沒有人知道，也沒有人在乎……亂倫很常見；任何形貌的罪惡與耽溺肉慾都不會讓人驚訝或注意。

這則聳動的報導立即引發了英國首相索爾斯伯利侯爵和張伯倫就此危機的起因與政府的因應展開辯論。保守黨領導者和東區大地主認爲，倫敦的基礎建設發展太過快速才導致過度擁擠；張伯倫則是怪罪都會地產的持有者，希望向這些人課稅，以支付勞工的住房。値得注意的是，雙方都認爲政府該爲住房危機負責。

碧翠絲認爲《佩爾美爾街報》的系列報導「膚淺而煽動」，和史賓塞一樣對其政治衝擊感到失望。但她也體認到，該文的迴響之所以如此熱烈，有相當程度是因爲那是作者的親身見證及個人觀察。碧翠絲曾提醒自己，她會去造訪廉價公寓並非出於慈善，而是受探索的精神引導。該文引起的驚人反應，加上史賓塞希望與他抱持同樣觀點的人能提出有效的反駁，讓碧翠絲急切地想測試自己診析社會的能力。

碧翠絲決定從相對較熟悉的地方著手，先造訪她母親在棉花鄉核心貝克鎮（Bacup）的窮親戚，其中包括和她很親的「姐姐」，她嫁給了波特家的管家。碧翠絲能進行這樣的計畫，足見享有極大的獨立自主權。爲了避免讓家人尷尬，讓受訪者說不出話，她並不是以「高貴的波特家」一員的身分前去蘭開夏，而是自稱「瓊斯小姐」。一週後，她寫信給父親：「要了解業界的實際生活，最好的方式當然是和勞工一起生活。」

碧翠絲發現的，正是她已準備要發現的：「純粹的慈善家往往忽略了獨立勞工階級的存在，當他們濫情地談到『人民』，其實指的是『沒出息的人』。」她決定要寫一篇文章談獨立的窮人。她在聖誕節時和史賓塞見面，史賓塞鼓勵她將她參訪貝克鎮的經驗發表出來。保守黨與自由黨都有一種「採取政治措施的要命趨勢」，傾向提高稅賦並增加政府的功能，因應此傾向的最佳對策，就是實際觀察「正常狀態下的勞動者」。史賓塞答應會和《十九世紀》（*The Nineteenth Century*）雜誌的編輯談談。碧翠絲當然很感激，同時心裡也暗自覺得好笑，「實際表現出『要命趨勢』的那個人」不僅抓住了這個史賓塞愛徒的心，也將入侵波特家族。

碧翠絲邀請張伯倫和他的兩個孩子在新年到史丹迪士作客。她覺得只有面對面才能解決她的情感衝突，她確定他一定也有同感。她在日記裡寫道：「我無法長期忍受這種感情折磨，『是或不是』很快就會有答案。」然而這次造訪非常尷尬，碧翠絲愈是反對張伯倫的政治觀，他愈是強力地一再重述；在一次激烈的爭執後，他抱怨感覺活像在發表演說。碧翠絲說：「我察覺到他好奇端詳的眼睛注意著我的每個動作，似乎急切地想知道我是否臣服在他的絕對控制下。」張伯倫告訴她，他只想從女人身上得到「有智慧的同情」；碧翠絲在心裡嗤之以鼻，他眞正想要的是「有智慧的奴性」。這一次，他同樣沒有求婚就走了。

張伯倫在最後一次交談時突然對碧翠絲拋下一句：「如果妳相信史賓塞，妳就不會相信我。」如果他想改變碧翠絲，那他可就錯了。

碧翠絲小時候，父親常嘲弄史賓塞在波特家附近的村莊「與上教堂的人反向而行」。理查·波特會喃喃道：「行不通的，史賓塞，行不通的。」但二十多年來，史賓塞讓一整個世代具有思考力的男女跟隨他的腳步。一八四八年全歐發生革命的三年內，史賓塞出版了《社會統計學》（*Social Statics*），頌揚新的政經自由戰勝了貴族的特權，使得最小政府與最大自由成爲中產階級追求進步者的信條。馬歇爾從史賓塞那裡吸收到的演化理論更甚於達爾文，馬克思也曾寄簽了名的第二版《資本論》給史賓塞，希望靠這位哲學家的背書增加銷量。

然而到一八八〇年代初，史賓塞再次逆潮流而行。他的新作《人民與國家》（*The Man Versus the State*）對政府規範與稅賦穩定成長提出全面性的批判：

> 快速增加的獨裁措施不斷縮減個人的自由，而且是以雙重方式縮減。法規年年增加，過去不受限制、可自主裁量的行爲如今要受到限制或強制；此外，沉重的稅賦更進一步限制人民的自由，使其自由支配的收入減少，被政府徵收供其任意使用的部分則增加。

史賓塞爲自由放任主義所寫的短文，讓讀者感覺是在爲一種過時、反動、愈來愈不具意義的信條做最後掙扎的辯護。正如歷史學家希梅爾法布所說的，維多利亞時代多數有思考力的人不僅開始捨棄或質疑自由放任主義，許多人甚至後悔曾經擁抱這個信念。她舉牛津經濟史學家湯恩比爲例，他曾向勞工階級聽眾道歉：「我們這些中產階級，我指的中產階級不只是極富有的人而已，我們忽略了你們；我們提供給你們的不是正義，而是施捨。」

當史賓塞的書在一八八四年出版時，他和碧翠絲的關係比以前更加親近，每天相聚好幾小時。碧翠絲承認：「我了解史賓塞的邏輯，但我不了解張伯倫的熱情來自何方。」她在《人民與國家》上簽了名，寄給劍橋大學格頓學院（Girton College）的一位女教師，附上信件說明她仍是史賓塞最忠誠的門徒。她談到失業救濟、公立學校、安全法規與其他大規模的「政府干預」：「我反對這些龐大的實驗……這讓人感覺是思慮欠周詳的理論，這正是所有社會弊病中最危險的……由社會上的江湖郎中開出的粗劣處方。」

但碧翠絲很矛盾。張伯倫迫使她體認到，「社會問題是現今最主要的問題，它已取代了宗教問題」。雖然她還沒準備好在一夕之間擁抱新的「時代精神」，但也無意完全排拒，更遑論放棄這個精神背後那位雄風十足的強大支持者。

當張伯倫的妹妹邀請她到張伯倫位在伯明罕海布瑞（Highbury）的新豪宅做客時，碧翠絲立刻前往，以為真正邀請她的是她的心上人。但當碧翠絲一到那裡，便驚訝地發現兩人的品味竟如此不相配。那棟「開了無數凸窗的精緻紅磚屋」讓她吐不出半句讚美之詞，看到裡面的裝潢那麼俗氣，「精雕細琢的大理石拱門、緞面紙、繁複的懸掛裝飾和精選的水彩畫……多可悲的華麗。沒有書籍，沒有藝術品，沒有音樂，甚至也沒有無傷大雅的椅背套來稍稍緩解緞面家具襲人的富麗堂皇感」，讓這她幾乎打起哆嗦來。

碧翠絲到達這幢豪宅的首日，自由黨的老一輩政治家約翰·布萊特（John Bright）也在那裡，對他大談碧翠絲的母親在四十年前如何稱職地扮演「小女主人」，款待前往海華斯家拜訪的絕對戒酒主義者和反穀物法的熱情支持者；布萊特想起了羅倫西娜在反穀物法的活動中是如此具有政治勇氣。老人談到她母親的政治能力與實踐精神時充滿了崇拜之情，對照之下，張伯倫卻堅持他家的女人不能有獨立的意見，也就顯得益加專制。但張伯倫的自我中心卻又深深吸引碧翠絲。碧翠絲當晚在伯明罕市政廳，看著他蠱惑台下數千群眾，完全征服他們。碧翠絲嘲笑那些民眾未受教育，不懂質疑，被張伯倫熱情的演說而非理念給催眠；但看到「全城的人都臣服於他的獨斷統治」之下，她承認自己也無可避免地被征服了。張伯倫在家也會以同樣的方式統治，就連她自己的感覺恐怕都會背叛她。「當感覺太強烈，我知道我一旦進入婚姻必會如此，表示理智也會絕對臣服於感覺」。雖然碧翠絲知道張伯倫會讓她很痛苦，她還是無法逃脫。她在日記裡寫道：「他的人格特質占據我所有的思想。」

隔天早上，張伯倫特別帶碧翠絲去參觀他寬敞的新「蘭屋」。碧翠絲說**她**只愛野花，張伯倫顯得煩躁時她還故作驚訝。當晚，碧翠絲自認在他的表情與神態中察覺到「他強烈地渴望我應該**和他有同樣的思想與感覺**」，以及「嫉妒其他影響我的因素」。她認爲這代表他愈來愈「受她的影響」。

一八八五年一月，張伯倫推動從政以來最誇張激進的活動。他警告勞工階級的選民，除非他們在政治上組織起來，否則將徒有選舉權卻無法實踐眞正的民主。張伯倫此舉激怒了自由黨的同志。他也讓保守黨大爲震驚，因爲他以一句名言拉高了階級戰爭的調性：「我要問，私人財產所有者應該爲自己享受的安穩付出多少贖金？」他以「高稅率與健康城市」的大膽原則治理伯明罕，利用閣員職位推動男性普選權、免費的非宗教教育，以及讓那些寧願在土地上自己勞動生產而不要到礦坑或工廠工作領薪資的人得到「三畝地和一頭牛」。這些經費將仰賴提高土地、獲利和遺產的稅賦。碧翠絲這次同樣前往伯明罕，坐在聽眾席間聽他發表慷慨激昂的演說，隔日再度體驗到被拒的羞辱。他沒有求婚。

情感的執著與矛盾不斷讓碧翠絲飽受折磨。她鄙視自己竟迷戀一個跋扈的男人，也鄙視自己無法征服他。她曾抱持野心，希望擁有結合愛情與學術成就的人生。碧翠絲在不同的時期也曾準備好爲了其中一項犧牲另一項。如今看來，她似乎在一開始就對自己的潛力判斷錯誤。「我認清自己的智識能力不過是海市蜃樓，我並沒有特別的天命」，「我愛過也失去過；但那也許是導因於我自己任性的不當處理，我的不快樂可能也是因爲如此；但終究是失去了」。

碧翠絲在最沮喪的時候，她驚訝自己曾經奢望贏得像張伯倫這樣特殊的男人，幻想各種可能的情況來折磨自己：「如果我在一開始就相信這個目標是值得的、如果我所受的影響以及我天生的性格特質不是這樣，也許我能成爲他的賢內助。那樣的婚姻生活或許不快樂，但可以是很高尚的。」八月一日，她立下遺囑：「我若死了，如果父親想讀這些日記本的話，請在他讀過之後，交給友人凱莉．達林（Carrie Darling）。碧翠絲筆。」

但碧翠絲終究從這個打擊中走了出來。一八八五年十一月初舉行大選時，她已不再常有自殺的念頭，感覺精力一點一點回來了。她看著父親前往投票，再次計畫從事社會調查的志業。就在此時，碧翠絲再次遭遇命運的打擊，幾乎讓她的獨立自主「突然災難性地告終」。父親在投票所發生嚴重但非致命的癱瘓性中風，被送回史丹迪士。

一如以往，碧翠絲將她的絕望心情都傾訴在日記裡。「陪伴一個逐漸喪失心智、身心都無活動的生命。天啊，多麼可怕！」她在新年當天又草擬另一份遺囑，懇求在她死後若有人閱讀她的日記，務必在事後將日記消毀。她悲苦地寫道：「如果死神要來，我很歡迎。一個未婚的女兒在家裡處境並不快樂，不論她有多堅強，若是個性脆弱的人更是難以承受。」

碧翠絲過去執著於要如何生活，要達成什麼目標，要愛誰，如今看來似乎只是狂妄自大。一八八六年二月初她寫道：「現在我再也無法平靜，我的過去似乎全是無法挽救的錯誤，過去兩年就像一場惡夢！……痛苦何時結束？」

◆◆◆

幾天之後，這答案便以彷彿發自社會暗藏深處的一聲巨吼之姿現身。二月八日週一中午，上萬群眾頂著濃霧寒霜，集聚在特拉法加廣場，現場約有二千五百名警察在四周部署。他們估計，三分之二的群眾是失業勞工，其餘則涵蓋各種可想像的激進分子類型。一位社會主義演說者當天早上被人從海軍中將納爾遜（Admiral Nelson）雕像底部趕走，之後在當局未加阻撓的情況下又爬了回去，挑釁地揮舞紅旗，大罵「英國當前苦難的製造者」，煽動群眾的情緒。他代表聽眾要求議會提供公共工程的工作給「數萬無辜失業、值得幫助的老實人」。群眾大聲喝采，人潮在整個下午繼續集結，直至倍增五倍之多。

這場集會和平結束，但示威者開始湧向牛津街、聖詹姆士街、佩爾梅爾街這些西區的主要街道，「詛咒當局，攻擊商店，搶劫酒吧，酒醉鬧事，砸破玻璃」。警察不僅措手不及，而且人數遠遠不及示威人群。倫敦西區有三個多小時的時間，被「大聲叫囂怒吼的暴民」所統治。數百間商店被劫掠，凡是看似外國人的路人就會被打，一位伯爵被壓制在所屬俱樂部的欄杆上，海德公園的馬車被推倒搶劫。此外，倫敦中心的交通全部停擺，查令十字車站完全癱瘓；到了夜裡，聖詹姆士街與皮卡迪利街遍地碎玻璃，夾雜著珠寶、靴子、衣物和瓶子。

暴動在富裕的倫敦西區引發一陣恐慌。雖然無人喪命，警方也只逮捕了十幾位暴民，多數商店業主都配合警察的勸告，在週二關閉店門。《紐約時報》記者嘲弄警察欠缺準備，「若是波士頓或紐約的警察會立刻在當天下午預防下一波暴動」，倫敦警方卻直到週三才做到。這位記者卻又同情地指出，自從一七八〇年惡名昭彰的反天主教暴動事件之後，這是倫敦最嚴重的一次暴動。倫敦人也同意，從維多利亞女王近五十年前登基、第一次改革法案剛通過不久以來，也不曾見過這麼大規模的劫掠。女王批評這次暴動「窮凶惡極」。

女王宣稱該暴動代表「社會主義暫時占了上風」，這樣的說法幾乎可說不是事實。但該事件確實激發不少人付諸行動，以及呼籲他人採取行動。憂心忡忡兼良心不安的倫敦人捐出七萬九千英鎊到市長的失業救濟基金，要求將這筆錢發送出去。碧翠絲的親戚哈尼斯開始草擬一本名為《失業》（*Out of Work*）的小說。此時的張伯倫是首相格萊斯頓的閣員，因為在東區推動一項公共工程計畫而引發激烈爭議。碧翠絲被放逐到波特家位在鄉間的產業，除了負責照顧父親，還要照顧有心理困擾的妹妹和父親陷入麻煩的事業。她這時從沮喪中被震醒了一段時間，恰好足以寫信給自由派《佩爾美爾街報》的編輯，挑戰當前對危機成因與解決之道的普遍觀點。

碧翠絲做好被禮貌拒絕的心理準備。編輯的信以回郵寄回，她心想，信回得這麼快，裡頭一定沒什麼實質訊息。但她打開來時，發現竟是請求允許以她的名字刊出該文，標題取爲〈一位女士對失業問題的觀點〉（A Lady's View of the Unemployed）。碧翠絲歡喜大叫，這是她第一次眞正「努力爭取眾人注目」，竟然成功了；她的思想與文字被認爲值得傾聽，她得相信這是「我人生的轉捩點」。

暴動之後十天，碧翠絲很高興看到自己的文字首度以印刷體出現：「本人是倫敦碼頭附近一大區勞工階級住宅的收租人，那裡的房屋經過特別設計，很符合最低階層貧窮勞工所需。」她只有兩個重點，第一，事實與多數慈善家與政治人物以爲的相反，「打零工機會與無差別待遇的慈善都集中於此」的東區之所以會產生失業問題，並非導因於「國家經濟蕭條」，而是勞動市場功能失調與失衡所致。像造船業與製造業這樣的倫敦傳統產業已移往別處，人數破紀錄的無技術農工與外國移民被不實或誇張的超高工資報導吸引前來，有工作但沒人要做。她的第二個重點依據第一點而來：大事宣傳公共工程的工作，難免會吸引更多無技術的新勞工進入已過度擁擠的勞動市場，導致更多人失業，同時壓低已有工作者的工資。

碧翠絲的文章刊出一週後，她讀到另一封信讓她心臟狂跳，雙手顫抖。張伯倫稱讚她的文章，希望得到她的建議。張伯倫身爲地方政府監督委員會的會長，這時負責窮人的救濟事務。她是否願意見個面，針對如何修正計畫以減少弊病提供意見呢？碧翠絲的自尊依舊受傷，也擔心再次被羞辱，因此她拒見張伯倫，但針對他的計畫寫了一篇評論寄了過去。張伯倫的回應是重複他的「贖金」論。依照他的說法，「富人必須付錢讓窮人活得下去」。他曾雇用上千名勞工，這段經驗讓他相信，政府面對廣大民眾的痛苦絕不能再毫無作爲。不論是哪個政黨掌權，執政的規則已經改變。當富人的財富與貧窮大眾的政治力同步增長，政府在道德與政治上都有必要採取行動，這是過去沒有的現象。既然有方法可以解除痛苦——更重要的，是一旦選民知道眞有這樣的方法——便絕不能再沒有作爲。在李嘉圖與馬爾薩斯時代較貧窮的農業英國，自由放任主義就是道德高標準。但若有人還想在這個時代遵循《人民與國家》裡的指引，那就是不道德的，當然更是政治自殺。他寫道：「我的部門非常了解窮人……但我深信勤奮的非貧窮階級也很痛苦……該爲他們做些什麼？」

碧翠絲不爲所動。她堅持：「我無法理解非得採取行動不可的理論。」她沒有提出修正的建議，而是勸他什麼都不要做。「我唯一的建議是政府立場要堅定，個人則要付出愛與自我奉獻」，她忍不住半嘲弄半調情地補充說：

實在很可笑，竟然請一位平凡小女子就女王陛下最有能力的部長的建議提出評論……尤其就我所知，在他眼中，即使是優秀女子的智力也不值一哂……任何獨立思想都是他所不喜的。

張伯倫對碧翠絲指控他「憎恨女人」提出辯解，但承認她的一些反對意見不無道理。不過，他並不掩飾對她的一些根本態度相當反感：

就主要的問題而言，妳的信讓人氣餒；但妳的話恐怕是事實。不過，我會假設那不是事實，繼續堅持我原來的立場。因爲我們一旦承認社會的弊病不可能矯正，那麼我們必將沉淪到低於禽獸的層次之下。抱持這樣的信念只會讓全然、絕對的自私變得合情合理。

張伯倫說到做到，他忽視碧翠絲的意見，展開史賓塞非常不贊同的「大型實驗」。張伯倫推動的公共工程計畫規模相對較小，只維持幾個月，但有些史學家評其爲一大創新。英國政府有史以來首次視失業爲社會問題而非個人的失敗，擔起責任幫助受害者。

張伯倫表明他已厭倦兩人的書信爭執，碧翠絲衝動之下憤怒地坦承她愛他——但隨即懊悔不已。她告訴自己：「這已是一個女人最羞愧的程度了。」剛巧醫生建議她這一季帶父親到倫敦休養，這救了她一命。碧翠絲沒有因爲墮入舊時的憂鬱而想喝下鴉片酊，而是舉家遷到肯辛頓（Kensington）的莊園。一八八六年四月末，碧翠絲和有錢的慈善家親戚查理．布斯（Charlie Booth）合作，展開英國有史以來最具企圖心的社會研究計畫。

布斯四十多歲，個頭高高，看起來有點笨拙，「氣色如同患了肺病的女孩」，行爲舉止會讓人誤以爲他個性溫和。不認識他的人會以爲他是音樂家、教授或牧師——總之就是猜不出他的眞實職業是一家跨大西洋大型船運公司的總經理。白天他忙於研究股價、南美新港口與貨運排班。晚上則投入眞正的興趣，慈善事業與社會科學。他和妻子瑪麗——她是史學家湯瑪斯．麥考利（Thomas Babington Macaulay）的姪女，都很樸實、積極、充滿對智性的好奇。他們和波特家及海華斯家在政治上同爲自由派，家中就像「大英博物館」一樣廣納包括記者、工會領袖、政治經濟學家、各種行動主義者在內的各方人士。布斯家的持家太隨興，賓客有時又很古怪，不免讓碧翠絲皺起鷹鉤鼻，但她還是很常到他們管理散漫的宅第流連。

就像其他關心公共事務的商人，布斯長期以來一直積極參與當地的統計學會，也和維多利亞時代的許多人一樣，相信資料是採取有效的社會行動的先決條件。他曾在張伯倫擔任伯明罕市長時，受託做過一項調查，兩人因此成爲朋友。他發現伯明罕的學齡孩童中，有超過四分之一不在家也不在學，這項發現導致一連串的立法。一八八〇年代初，當富裕中的貧窮再度成爲當代社會批評家振臂高呼的口號時，他很驚訝地發現，立意良善的人在面對看似無解的問題和對問題令人眼花繚亂、相互衝突的診斷與處方時，普遍有種「無助感」。他認爲，問題在於政治經濟學家徒有理論，行動主義者空有傳聞，但兩者都無法客觀或完整地敘述問題。這就好像要求他重新安排南美的貨運路線卻沒給他地圖一樣。

前一年春天，有些社會主義者說超過四分之一的倫敦人屬於赤貧，這讓布斯很憤慨。他懷疑這個數字太誇張，但無法證實，這也讓他有了行動的動力。他決定調查家家戶戶和工廠，每一條街和每一種職業，了解倫敦四百五十萬市民的收入、職業和狀況。

不同於碧翠絲敬仰的梅修，布斯極富遠見、管理經驗和精密的技術可執行這項超凡的計畫。在和包括當時於牛津任教的馬歇爾，響應睦鄰組織運動而設置湯恩比館（Toynbee Hall）的巴奈特牧師（Samuel Barnett）等友人討教過後，布斯決定第一步是招募研究團隊。碧翠絲接受他的邀請，在布斯公司的倫敦分部參加統計研究局的第一次會議。布斯解釋，他的目標是「得到倫敦整體社會的客觀全貌」，並提出「周詳的計畫」，包括運用曠課或逃學督察做爲訪問員，再核對人口普查結果與慈善機構的紀錄。布斯要從倫敦東區開始著手，倫敦的四百萬人口中有四分之一住在那裡：

我會用這種方式調查，唯一理由是因爲倫敦這區被認爲包含全英國最貧困的人口，也可說是富裕中的貧窮這個讓眾人在理智與情感上都深感不安的問題的核心所在。

布斯會獨力推動這項企圖心極大的任務，讓碧翠絲深深佩服。她能想像自己將來也會承擔類似的開創性角色。她領悟到，這「正是我想要從事的工作……如果我有時間的話」。她決定當布斯的「學徒」，在照顧家人之餘，盡可能投入最多的時間，吸收最多的知識。碧翠絲的角色將不去收集統計資料，而是走入工廠與家庭，親自觀察，訪問勞工——從倫敦傳奇的碼頭工人開始。

波特家回到位在鄉下的家宅後，碧翠絲抓住被迫孤立的這段時間，塡補所需的教育。在她看來，利用個人的觀察與訪問以輔助統計是必要的，但她也明白，若沒有一些理論基礎據以去蕪存菁，根本不可能進行高明的觀察。梅修之所以無法提出傳世的觀點，就是因爲他不加區分地收集所有的事實。碧翠絲知道需要建立某種架構，因而熱切地學習經濟學，尤其是了解經濟觀念如何發展出來，因爲「每一項新的發展都和無意中觀察到的當代產業活動的主要特徵相符」。

斷斷續續地讀了一兩天之後，碧翠絲抱怨讀政治經濟學「是最可厭的辛苦工作」。但才過了兩週，她很高興自己已「征服了經濟學」。她讀完——或至少瀏覽完——米爾的《邏輯體系》（*A System of Logic*）和佛塞特的《富國策》（*Manual of Political Economy*），自信已掌握亞當．史密斯、李嘉圖、馬歇爾理論的「精髓」。到了八月的第一週，她已經為一篇英國政治經濟學評論做好最後的潤飾。她認為，除了她在秋天讀過的馬克思，各主要政治經濟家都犯了將假說視為事實的毛病；她指責他們太忽略收集真實行為的資料。她將這篇評論拿給親戚布斯看，希望他協助出版。結果讓她很懊惱，布斯回信建議她先放一、兩年再說。

一年後，碧翠絲已完成對碼頭工人的研究，布斯帶她去曼徹斯特參觀前拉斐爾派藝術家的展覽。碧翠絲深受那些畫作感動，決定把接下來要對裁縫業血汗工廠的研究，變成一幅「畫」。她想到若要讓她的敘述「具戲劇效果」，她必須走入地下。「我必須和真正的勞工生活在一起，才有可能了解真實情況。我想我做得到」。

初次扮演女工讓她花了幾個月的時間預做準備。她在夏天時待在史丹迪士，全心投入「與做苦工相關的所有書籍、統計資料、宣傳小冊與期刊，能買能借的都設法弄來」。秋天，她住在東區的小旅店六週，每天花八到十二小時到合作社的裁縫工廠學習裁縫。晚上若不是累到睡著，便去時髦的西區參加餐宴。

一八八八年四月，她已準備好要開始暗地調查。她搬到東區破舊的出租公寓。隔天早上穿上一套寒酸的舊衣，徒步「展開女工的生活」。經過幾個小時，她第一次嘗到找工作的滋味。

她坦承這讓她「感覺怪怪的」。她在日記裡寫道：「沒什麼徵人的廣告，只有徵『女裁縫熟手』，這些地方我又不敢應徵，感覺好像是去騙人。我繼續往前走，心直往下沉，腿酸背疼，我能體會『失業』的所有感覺。最後我終於鼓起勇氣。」

「妳看起來不像做過多少工作。」她一再聽到這句話。雖然她擔憂每個人都會看穿她的偽裝，以及說話時拋掉「h」音的刻意嘗試，二十四小時後碧翠絲終究坐在一張大桌子旁，笨拙地縫一件褲子。她的手指像香腸，所幸一個同事很好心——雖然她自己也是以件計酬，卻願意花時間教碧翠絲專業的技巧，另外還要感謝一位「二老闆」派一個女孩去買勞工應自備的配件。

碧翠絲的座右銘是「女人在人生的每一種關係裡都應該是被追求的」，這時卻開心地紀錄一首女工之歌的歌詞：

女孩若碰到喜歡的男人，爲什麼不能求婚？

女孩爲什麼永遠必須被牽著鼻子走？

煤氣燈一點亮，便熱得不得了。碧翠絲的手指很痛，背部也瘦疼。「啤酒廠的時鐘已經八點了！」一個尖銳的聲音喊道。

她就這樣賺到生平首次的一先令。「一天一先令大約是無技術女工的薪資」，她回到出租公寓後在日記本裡寫下。

隔天早上八點半，她到了里尾路一九八號。接下來幾天她都在縫褲子的鈕釦孔，然後她便離開了，「這間工廠和裡面的勞工繼續日復一日的工作，在我腦中只留下回憶」。

碧翠絲這項了不起的成就很快便傳開來。五月份，上議院的一個委員會在進行血汗工廠的調查時，邀請她去作證。《佩爾梅爾報》在報導該聽證會時，將她形容得很吸引人：「高挑，溫婉，皮膚稍黑，眼睛明亮」，在證人椅上的儀態「相當冷靜」。聽證會上，碧翠絲回復孩提時編故事的習慣，聲稱她在血汗工廠待了三週（其實是三天）。害怕被揭穿讓她焦慮不安了幾個星期，但當自由派雜誌《十九世紀》在十月中刊出〈一個女工的日記〉（Pages of a Workgirl's Diary）時，成功的滋味卻很甜美。「吸引大眾的不是她表現出這樣的行爲，而是這種行爲很有創意」。但碧翠絲承認，無論如何，受邀到牛津朗讀她的報告讓她快樂得有些可笑。「現在我知道了，如果我有話要說，我可以說出來，而且說得很好」。就在新年前夕，碧翠絲雖因重感冒臥病在床，仍沉浸在受日報報導的喜悅，「甚至還有僞造的訪問……以電報發送到美國與澳洲」。

碧翠絲現在覺得自己有膽子進行完全屬於她的計畫了。自從她以「瓊斯小姐」的身分到貝克鎮與手搖紡織工共處一週，她就一直想寫合作社運動的歷史。她在《佩爾梅爾報》上讀到讓人震驚的消息：張伯倫與二十五歲的美國「貴族」祕密訂婚，碧翠絲「猛吸一口氣，彷彿被人刺了一刀，然後就結束了」，就連這件事也未能阻止碧翠絲再次投入統計資料。她的親戚布斯勸她寫婦女的勞動，馬歇爾也是；馬歇爾和碧翠絲初次在牛津見面，邀請她和瑪麗一起吃飯，盛讚她的「女工日記」。碧翠絲抓住機會問他對她的新計畫有何看法，他很戲劇化地回說：「如果妳全力投入研究妳的同性對產業的影響，兩百年後，妳將成爲家喻戶曉的名人；如果妳寫合作社的歷史，不消數年後就會被替代或漠視。」

碧翠絲喜歡花時間研究男性甚於女性，而且懷疑馬歇爾認爲她不夠資格寫他最喜歡的主題，因此沒有把他的話聽進去。後來碧翠絲衝動地和其他社會上的知名女性一起在反對女性選舉權的請願上簽名，這件事更是定案了。她事後解釋：「當時我是出了名的反女性主義者。」

事實上，碧翠絲對很多事情的看法都改變了。儘管她在面對張伯倫時，激烈地為自由放任哲學辯護，其實她也開始懷疑起她的父母及史賓塞的自由意志主義觀。她與這位老哲學家依舊經常見面，但彼此的歧見太大，因而愈來愈少談論政治。無論如何，她與布斯在一起的時間愈來愈多。

一八八九年四月，布斯出版第一冊《人民的勞動與生活》（*Labour and Life of the People*），《泰晤士報》認為該書「揭開東倫敦一直隱藏在後的神祕面紗」，特別稱許碧翠絲所寫、關於倫敦碼頭工人的那一章。同年六月，碧翠絲參加了合作社全國會議，這讓她相信「消費者的民主必須以勞工的民主來補足」，勞工辛苦贏得的工資與工時協議才可能有落實的希望。一八八九年八月，倫敦碼頭工人的罷工得到戲劇性且完全超乎預期的勝利，讓碧翠絲大為驚訝——這些工人普遍被認為太自我本位、太不顧一切，不可能團結在一起。碧翠絲在日記裡寫道：「倫敦正處於動亂之中，罷工時有所聞，在碼頭工人贏得漂亮的一仗後，新的工會主義開始大步向前邁進。」

社會主義者在費邊社一小撮有能力的年輕人的帶領下，[2]正操縱倫敦的改革黨，只要工會主義者喊一聲「將軍」，便隨時準備表達人民愈來愈渴望政府有所作爲的心聲；而我居於此特殊的社會位階，將站在各派中間，同情所有的人，但不與任何人結盟。

碧翠絲沒有親自見證這些騷動，而是遠避鄉間的飯店，被半昏迷的父親綁住，「被放逐而遠離其他人的思想與行動」。她努力寫書，但完全沒有把握是否能完成。「面對書的主題，我只覺得快厭倦死了。我眞的適合腦力工作嗎？有任何女人適合純粹智性的生活嗎？……我的生活沮喪到難以言喻，父親像植物般躺在床上，像小孩或動物，比我的寵物小丹更不具思考與感受能力」。

碧翠絲因爲無法一邊照顧父親、一邊追求事業而深感挫折，也愈來愈體認到女性的困境和勞工受壓迫很相似。她想起「所有那些讓人敬重、非常成功的姊夫」的家；她和姊姊一直保持很親近：

2 編注：費邊社，Fabian Society，是英國起源於十九世紀末的一個社會主義派別，以古羅馬名將費邊斯（Fabius）爲名。該社著重務實的社會建設，倡導建立互助互愛的社會服務，主張以漸進溫和的改良主義方式邁向社會主義，而非透過馬克思主義主張的階級革命。

然後……我穿擠過東區那一群失魂落魄、無家可歸、誤入歧途的人，走入一群爭辯的勞工，那些聰明的人被枯燥的勞力工作所困，發出愈形激昂的呼喊——**爭取以能力論高下的事業**——十九世紀的男性勞工與十九世紀的女性發出同樣忿忿不平的呼喊。

前年秋天，她的父親告訴她「我希望看到我的女兒嫁給一個強壯的好男人」，碧翠絲在日記裡寫道：「我無法、也絕不會做出踏進婚姻這麼大的犧牲。」

碧翠絲在遇見席尼．韋伯（Sidney Webb）的前幾個月就聽說這個人了。她讀到費邊社出版的一本短文集，這個社會主義團體希望以羅馬將軍費邊斯打贏迦太基戰爭的方式贏得政權，亦即採取漸進的游擊模式，而非正面對戰。碧翠絲告訴某個朋友說：「到目前爲止，最重要、最有趣的一篇文章是韋伯寫的。」韋伯在評論布斯調查的第一冊時回報了她的稱讚：「裡面唯一有文學才華的作者是波特小姐。」

兩人初次見面是在碧翠絲的親戚哈尼斯位於布倫斯貝里的房間。碧翠絲問她是否認識任何合作社的專家，哈尼斯立刻想到一個似乎什麼都懂的費邊社成員。韋伯對碧翠絲一見鍾情，但初次見面後的感覺卻是沮喪多於幸福。他告訴一個朋友：「她太美，太有錢，太聰明。」事後他安慰自己，兩人屬於同樣的社會階級，這卻遭到碧翠絲糾正。不錯，藍領男人讓她覺得很有趣。她喜歡和工會活動分子及合作社成員在他們擁擠的公寓一起談話抽煙，但有些勞工「在自己的階級裡崛起」後，自以爲是地現身倫敦餐宴，「自我介紹後毫無一點不安地接受款待」，卻激發了她內在的勢利心態。碧翠絲覺得韋伯看起來像是專職詐賭的倫敦人和德國教授的混合體，嘲弄他那身「穿到發亮的布爾喬亞黑外套」，以及拋掉「h」的口音。不知爲何，她發現這個「小小的身體頂著一棵大頭顱的奇特的小男人」有某個地方吸引她。

正如同他的「大頭顱」所顯示，韋伯的腦袋確實很好。他就像馬歇爾一樣，出身自倫敦的中下階層，隨著白領勞工的出頭浪潮而崛起。他比碧翠絲小三歲，成長過程中父母在萊斯特廣場附近經營理髮店。他的父親除了理髮，晚上還兼職當自由記帳員，本身是激進民主派，支持米爾的議會活動。韋伯的母親掌管家中所有重要決定，決心要讓韋伯和他的兄弟長大後成爲專業人士。韋伯的記憶力超強，對數字很在行，又很會考試，在校成績優異，十六歲時便受僱於證券經紀人，二十一歲那年公司有意擢升他爲合夥人，但他沒有接受，而是去參加公職考試，進入殖民部。當時他已迷上政治，明白他對權力的興趣大於金錢。他繼續收集獎學金與學位，依據韋伯夫妻的正式傳記作家哈理森（Royden Harrison）的描述，其中還包括倫敦大學法學位。等到發生特拉法加廣場暴動及其後保守黨贏得勝選，韋伯發現他眞正的志業就是擔任費邊社的領導者。

費邊社是個古怪的組合。韋伯主張「在可實踐集體所有制的地方都實施集體所有制；其他地方都實施集體規範；對所有無能與受苦者，依據其需求集體提供基本所需；依據財富能力，尤其是剩餘財富，實施集體課稅」。但費邊社的社會主義主要與地方政府及例如酪農合作社及公營當鋪的小型計畫相關。費邊社的策略也和多數社會主義團體不同，他們捨棄選舉與革命，希望漸進地引進社會主義，「對社會上每一種存在的勢力灌輸集體主義的理想與原則」。

一八八七年，韋伯被選入費邊社指導委員會時，社內有六十七位成員，年收入三十二英鎊，被視為是美女與聰明男子互相認識的好地方。英國史學家喬治・崔維林（George Macaulay Trevelyan）形容費邊社的成員是「沒有軍隊的聰明軍官」。他們並不期望成為議會裡的一個政黨，而是要影響政策，影響「眾多擎著其他旗幟者的行動方向」。韋伯認定，「英國的一切都是由一小撮務實有智慧的倫敦人所決定，全部不超過二千人」，選舉是有錢人的遊戲，他稱費邊社滲入當權派的策略為「滲透法」。

蕭伯納是席尼・韋伯最好的朋友，兩人常一起搗亂生事。蕭伯納是一個鬼靈精怪、非常機智的愛爾蘭人，輕輕鬆鬆就能寫出一篇篇戲劇評論的他，擔任費邊社的主要公關。到一八九〇年代中，曾任都柏林的收租人與倫敦市證券經紀人的蕭伯納相信，社會問題皆有經濟根源。他將一八八〇年代後半都投注在「讀通」經濟學。他與韋伯都想找到自己的信仰和投注精力的方向。兩人去參加由倫敦城市學院（City of London College）的幾位經濟學專家所組成的定期聚會。經過一番研究，兩人反對烏托邦社會主義與馬克思共產主義；他們自認以社會主義爲目標，但那是容許財產、議會、資本主義者，且沒有馬克思或階級鬥爭的社會主義。他們要馴服與控制自由企業的「科學怪人」，但不是要把他殺死；要對富人課稅而不是消滅富人。

碧翠絲初識韋伯幾週後，開始思考「一個擁有個人自由與公共財產的社會主義社會」也許是可行的，而且頗具吸引力。她宣告：「我終於是個社會主義者了！」時代的精神促使自由黨議員哈考特（William Harcourt）在一八八八年的預算辯論裡宣稱：「現在我們都是社會主義者了。」碧翠絲顯然也感染了同樣的精神。至於韋伯，她開始認爲他是「我可能遲早會和他命運與共的少數男子之一」。

起初，碧翠絲視自己對韋伯明顯的迷戀爲理所當然，也很樂意愈來愈倚賴他的學識。當他坦承對她的感情，想和她結婚，碧翠絲的反應卻是訓誡他不該將愛與工作混雜在一起。她堅持做他的同志而非妻子，也禁止他再提及「低下的感情」。

一八九一年社交季，碧翠絲再度來到倫敦，緊張地等待她論及合作社的書付梓，爲自己已接下的一連串演講邀約而擔憂。韋伯表明要退出公職，他除了工作之外沒有私人生活，感覺「就像倫敦拉車的馬，若是解下車轅可能就會倒下」。韋伯再次提起那個禁忌的話題，承諾碧翠絲若態度軟化，他會讓她過她想過的那種戶外的、樸素的、努力工作、積極投入社會的生活。他建議兩人合寫一本探討工會的書。在碧翠絲一再表明「我不愛你」一整年之後，她最後終於還是點頭了。

韋伯送給碧翠絲一張全身照片，她懇求他：「讓我擁有你的頭就好了——我只是嫁給你的頭……其他一切都太可怕了。」她不敢告訴親友。碧翠絲在日記本裡寫道：「全世界的人都會覺得很奇怪。」

> 表面上看來，對曾經耀眼的碧翠絲來說，這似乎是個很奇特的結局……嫁給一個醜陋的小男人，沒有社會地位，財產更少；因此有些人可能會說，他唯一的優點是抱持某種強烈的進取心。而且我並沒有「墜入愛河」，不像以前那樣。但我在他身上看到別的……頭腦好又熱心，爲了公益甘於自謙與自我奉獻。

碧翠絲堅持，只要她的父親仍在人世，兩人訂婚之事就要保守祕密，她只告知她的姊妹和幾位密友。布斯夫妻的反應很冷淡，史賓塞立刻撤消她做爲遺稿管理人的角色，碧翠絲過去一直視之爲很大的榮耀。

一八九二年元旦當日，理查．波特去世，恰是碧翠絲三十歲生日前幾天。他留給最愛的女兒每年一五〇六英鎊的收入，以及「無可比擬、不再有任何牽掛的自由」。葬禮後，碧翠絲在攝政公園附近的準婆家「醜陋狹小的環境」裡待了一星期。一八九二年七月二十三日，碧翠絲和韋伯在倫敦的戶籍登記處結婚。她在日記本裡記下這件事：「碧翠絲．波特出場，碧翠絲．韋伯進場，或是應該說韋伯太太，天啊，我同時失去了姓與名！」

一年多之後，一八九三年的夏末，蕭伯納來到這對新婚夫妻家中，這是他首次時間較長的拜訪；碧翠絲對蕭伯納的評語是虛榮、輕浮、天生的花花公子，但是「說話很有內容」，「喜歡調情，因此是愉快的夥伴」。韋伯是費邊社的「組織者」，蕭伯納則被她貶抑為替費邊社增添「火花與風味」。

蕭伯納的首部劇作《鰥夫的房產》（*Widowers' Houses*）前年十二月在皇家劇院演出，當時蕭伯納正在編寫的新劇《華倫夫人的職業》（*Mrs. Warren's Profession*）也依循同樣的模式，探討維多利亞時代的社會「難以啓齒的主題」——這次是一種受人謾罵的職業——蕭伯納把它轉化成比喻，彰顯社會眞正的運作方式。

過去一年裡，媒體經常報導歐陸合法的妓院，亦即男人談生意的高檔男性俱樂部，英國女孩被誘拐到那裡淪爲性奴隸。蕭伯納一如以往地將社會問題重塑成經濟問題，寫信告訴一位朋友：「在我所有的戲劇裡，我的經濟研究都扮演極重要的角色，正如解剖學知識在米開朗基羅的作品裡所占的地位。」他筆下的角色，華倫太太（Mrs. Warren），在維也納經營高級妓院，是個務實的生意人，了解賣淫的重點不是性，而是金錢。正如蕭伯納希望觀眾看到的，《鰥夫的房產》裡缺德的房東並不是壞人，而是反映每個人都牽扯其中的社會制度的症狀；這次他希望觀眾明白，在一個逼良爲娼的社會裡，沒有人是完全無辜的。「對僞善的英國大眾來說，最愉快的，莫過於將華倫太太那個行業的全部罪責都丟給華倫太太自己承擔」，蕭伯納在前言裡寫道：「我的劇作的主旨，就是要將罪責丟回英國大眾頭上。」

碧翠絲建議蕭伯納「應該把角色設爲眞正的統治階級的現代女性」，而不是刻板印象中濫情的高級娼妓。結果薇薇·華倫（Vivie Warren）成了該劇女主角，她是華倫太太在劍橋受教育的女兒。薇薇就像碧翠絲一樣，「富魅力、明白事理、沉著冷靜」。她也像碧翠絲一樣，逃避所屬的階級與性別命運。蕭伯納的故事情節靈感得自莫泊桑（Guy de Maupassant）的《伊薇特》（*Yvette*），但在莫泊桑的故事裡，命運在出生時就已決定。女主角伊薇特從娼的母親歐巴蒂夫人（Madame Obardi）說：「沒有其他選擇了。」但在薇薇所處的維多利亞時代末期的英國，她們是**有**選擇的。當薇薇發現華倫太太眞正從事的行業，以及自己到劍橋受教育的經費來源，她的天真完全被打碎。但是，她沒有自殺或認命地跟隨母親的腳步，而是從事……會計工作。「我的工作不等於妳的工作，我的方式也不等於妳的方式」，她告訴母親。就像碧翠絲一樣，薇薇可以選擇不要重蹈覆轍。《華倫夫人的職業》的最後一幕，薇薇獨自在舞台上，坐在寫字桌前，**奢侈地**埋首在「保險精算」裡。

同時間，現實生活中的薇薇——也就是碧翠絲，和丈夫住在有十間房的大宅，與國會相隔不遠。她幾乎每天早上都和韋伯及蕭伯納一起泡在圖書館，三人一起喝咖啡，抽菸，聊天，一邊編輯她與韋伯合寫、關於工會的著作開頭前三章。

由於極受歡迎的科幻小說家威爾斯（H. G. Wells）的加入，費邊社三人組有一段時間曾變成四重唱，直到威爾斯與韋伯夫妻失和才告終。之後，威爾斯在一九一〇年的小說《新馬基維里》（*The New Machiavelli*）裡，諷刺地將他們描寫成倫敦權貴艾蒂歐拉與奧斯卡．貝利夫婦（Altiora and Oscar Bailey），藉由穩定獲取與公布公共事務的消息來強化自己的影響力，「成為各種立法提案與政治權宜手段的轉介中心」。艾蒂歐拉和碧翠絲一樣在統治階級之中長大，「很早就發現，有影響力的人最不可能做的事就是工作」。她雖懶惰但很聰明，嫁給奧斯卡是看上他的寬額頭和勤奮工作的習慣；在她的掌舵下，兩人成為

「你所能想像得到、最令人畏懼與最尊貴的一對夫妻」。「這兩人計畫透過極具創意的方式掌握大權。我的天！他們還眞的辦到了！」書中的敘述者的伴侶這樣說。

智庫（think tank）一詞直到二次大戰時才出現，意味制定公共政策的專家所扮演的角色益發重要。但依據史學家詹姆士．史密斯（James A. Smith）的說法，「智庫」在當時的意思仍是指「可討論計畫與策略的密室」。直到一九五〇與六〇年代，蘭德公司（Rand）與布魯金斯學會（Brookings）成爲家喻戶曉的名字之後，智庫才會讓人想到民間機構，聘用理論上可稱獨立客觀的研究人員，提供免費、客觀的建議給公職人員與政治人物。智庫可能是碧翠絲與韋伯婚後扮演的第一個、肯定也是最具成效的角色。威爾斯嘲弄：「兩人很自然地以此爲傲，貝利夫婦的婚戒內刻著『P.B.P., Pro Bono Publico』，意指爲了公眾利益。」

韋伯夫婦精明地體認到，民選政府的野心愈大，專家便愈不可或缺。他們對新的官僚階級抱持同樣的夢想：「僅僅是從便利的必要性來看，人民選出的政府也**必須**愈來愈善用專業官僚……我們認爲，這些專業官僚必須發展成一個強有力的新階級……我們自認是此階級的業餘無薪先鋒。」此一見解促使他們創立倫敦政治經濟學院（London School of Economics），目的是讓該校成爲社會工程師這個新階級以及《新政治家》（*New Statesman*）週報的人才訓練搖籃。

韋伯夫婦的家位在葛洛斯佛納路（Grosvenor Road）四十一號，由碧翠絲挑選，「近乎矯情地維持簡單與樸實」，很能彰顯他們的價值觀。他們為了保持健康，日常生活非常簡約，為了書本、文章、訪問、證明，犧牲了中產階級的舒適。那是一個使用煤斗和必須燒熱水的時代，韋伯家通常雇用三名研究助理，但只雇用兩個僕人。威爾斯小說裡的艾蒂歐拉說：「凡是有效率的公職必然有祕書的妥善引導。」碧翠絲為自己設定的任務，是把英國從自由放任主義轉變成由上而下規畫的社會。為此，他們規畫遠大的研究計畫，生活的安排幾乎完全為了達成工作的期限。韋伯家的朋友爭辯「夫妻倆誰在前誰在後」，但威爾斯認為，「是她在管他」。碧翠絲是韋伯事業的執行長，兼具描繪願景、執行、策略規劃的角色。威爾斯確定，兩人之所以合作開創引介觀念的事業，「幾乎完全是她的發想」。在他眼中，碧翠絲「深具企圖心、想像力與豐富的構想」，韋伯「幾乎沒有任何開創性。談到構想，他只能做到記憶與討論」。

碧翠絲背著爐火而站，散發著「特有的吉普賽黑、紅、銀色的光輝」。即使威爾斯在小說裡對她諷刺有加，也不得不承認碧翠絲的確美麗而優雅，「絕對獨特」。他在葛洛斯佛納宅邸碰到的其他女人要不是「過度理性就是過度豔麗」。唯有碧翠絲才貌雙全。即使談論預算、法律、政治權謀，她也會穿著非常昂貴、嬌媚的鞋子，彰顯她的女性魅力。

碧翠絲是爸爸鍾愛的女兒，一向喜歡強勢的男人、打情罵俏與政治八卦。費邊社的滲透策略剛好讓她有藉口能盡情投入這三者。當她與首相餐會之後，典型的描述是：「我努力讓他覺得有趣，但抓住每個機會迂迴地對他灌輸正確的觀念與資訊。」過去、現在和未來的英國首相無一不是她的座上嘉賓。她完全無黨無派，不論是保守黨或自由黨同樣樂於招待。「但這一切都有某種用處」，這是她的務實觀察。

該智庫到了晚上會變成政治沙龍。韋伯夫婦每週舉行一次十幾人的餐會，每月開辦一次六十至八十人的派對。參加的賓客並非為了美食而來，韋伯夫婦嚴守家庭節約的美德，以便聘用更多研究助理，而且對碧翠絲而言，飲食節制比放縱更讓她滿足。就像艾蒂歐拉，碧翠絲提供賓客「極端寒酸的餐點，以維持精彩的談話」。經濟史學家陶尼（R. H. Tawney）也是常客，他說：出席的代價是得「參與那出了名的禁欲修行，而韋伯太太稱之為餐宴」。但每個人都競相爭取受邀，葛洛斯佛納路四十一號便成了許多政治與社會活動進行的中心。碧翠絲眼中「典型的『韋伯式』精彩小餐會……通常融合了各種意見、階級與利益」，賓客可能包括挪威駐倫敦的大使、保守黨議員、自由黨議員、蕭伯納、哲學家與未來的諾貝爾獎得主羅素，以及一位招待過當代每位重要政治家與作家的男爵夫人。威爾斯的小說突顯出碧翠絲擔任女主人的超凡技巧，以及這件事對韋伯夫婦事業的重要。「她將擔任或接近公職的各個重要人物聚集在一起。沒沒無名但有能力的、名聲響亮但知識不足的、漫無目標的富人，這些全融合在一起，公眾人物在一室之間形成難得一見的奇特組合」。

在威爾斯的小說中，一個初次到貝利家的客人告訴帶他去的朋友：「這裡的客人是最奇怪的組合。」

那位常客說：「『大家都會來這裡。這些人通常我們都避之唯恐不及，厭惡、嫉妒、還有一些不耐煩。艾蒂歐拉有時候是很討厭，但我們**不能不來**。』

第一人問：『很多事情能在這裡談成？』

『噢！當然。這是英國國家機器的一部分，只不過表面看不出來而已。』」

在一九〇三年的倫敦季，邱吉爾就是**不得不來**的人之一。邱吉爾前一年在自由黨餐會上與碧翠絲比鄰而坐。他原是古老貴族史賓塞家族（Spencer）之後，前保守黨知名政治家的兒子，現在是國會保守黨成員，但被認爲與保守黨政府格格不入。他最讓碧翠絲受不了的，是表明不僅反對工會，也反對公立小學教育。更糟糕的是，他從喝飲料到吃甜點期間一直不停談自己，唯一一次和碧翠絲說話，是問她是否認識什麼人能提供統計數據給他。邱吉爾輕鬆地說：「只要能請別人代勞的腦力工作我都不自己做。」當晚，碧翠絲在日記裡憤怒潦草地寫下：「自我中心、傲慢無禮、膚淺反動。」邱吉爾對她的反應倒是沒有紀錄。

當邱吉爾再次出現在韋伯家時，已變節到自由黨陣營。選民的偏好改變了。英國選民在經歷國家耗費巨資在南非與波爾人打一場無謂的仗之後，對海外帝國主義已經幻滅，對國內的貧窮問題則是焦慮。先是由索爾斯伯里侯爵領導，接著由貝爾福（Arthur Balfour）接棒的保守黨執政已近十年，該黨雖提出保護主義政綱，但只是讓擔憂糧食價格提高和失去出口業工作的勞工階級更反感。為保守黨草擬關稅「改革」計畫的張伯倫發表從政生涯最後的演說時，台下幾乎沒有聽眾。退休的馬歇爾復出抨擊張伯倫與保護主義者，卻不禁懷疑讓自己捲入公共爭議是否根本沒有必要。邱吉爾很快便體認到保守黨和時代日漸脫節，自由黨則已準備好和英國人一起朝左移動。他認為，這表示他們必須面對社會問題，一定要找出某種解決方式。若沒有工會的選票，自由黨將沒有機會繼續執政，當然前提是能夠取得政權的話。

碧翠絲在餐會上讓邱吉爾坐在她的右邊，這次他給她的印象幾乎和第一次一樣糟。碧翠絲剛決定要戒掉酒、咖啡和菸，「唯一對自我放縱讓步」的是茶；她事後認定邱吉爾「喝太多，說太多，完全沒有真正的思考」。她與邱吉爾討論保障「全國最低」生活水準的概念，他只能拿出「幼稚園級的經濟學」。她的評語：「對各種社會問題完全無知……而且不自知……顯然對完全競爭受人反對的最基本理由都不知道。」

法國史學家哈列維（Elie Halevy）在撰寫十九世紀英國權威歷史時，在最後面提到幾項立法「具有近乎革命性的重要性……都是在邱吉爾的推動下通過的」。其中包括「首度將最低工資納入英國的勞動法，這也是韋伯夫婦的『國家最低保障』的一環」。

邱吉爾後來說：「我絕不願和韋伯太太一起被關在免費食堂裡。」雖然他覺得碧翠絲太專橫，其實也覺察到自己的無知，很快開始「醒著時拿著統計數字藍皮書，睡覺時捧著百科全書」。他和碧翠絲不常見面，但很認真讀了費邊社的大部分綱要，從布斯的《倫敦生活與勞工》（*Life and Labours*）與朗特里（Seebohm Rowntree）的《貧窮：一個市鎮生活的研究》（*Poverty, A Study of Town Life*）到韋伯夫婦的《工會主義的歷史》（*History of Trade Unionism*）與《產業民主》（*Industrial Democracy*）。寫作主題從科幻轉到社會工程的威爾斯則成了他最喜歡的小說家。邱吉爾誇口：「考這些我一定過關。」他也是蕭伯納的書迷，特地去參加《芭芭拉少校》（*Major Barbara*）的開幕表演。邱吉爾曾一度與私人祕書馬許（Eddie Marsh）花上好幾小時到曼徹斯特最糟糕的貧民窟巡視，就像馬歇爾在一個世代之前所做的。邱吉爾事後對馬許說：「試想像生活在那樣的街道——不曾說一句美麗的話——不曾嘗過美味的食物——**不曾說一句聰明的話！**」

爲他寫傳的威廉．曼徹斯特（William Manchester）說，邱吉爾非常震驚，沒多久，這位極端保守主義者便變成「左派巨砲」。邱吉爾得到多方的啟發，政治算計也有一定的影響，但他具體的論點與方案多半還是借自碧翠絲那裡。到一九〇六年初，英國自由黨贏得壓倒性勝利，邱吉爾已在鼓吹他所謂「爲了被遺忘的千萬人爭權益」，主張「畫出一條線……不容任何人的生活與勞動低於那條線」——這正是碧翠絲力勸他採行的政策。

十月，邱吉爾在格拉斯哥當地發表精彩演說，內容不僅遠超過自由黨領導者的預期，依據邱吉爾傳記作者孟德松（Peter de Mendelssohn）的說法，「工黨能取得壓倒性執政權，推動一九四五至五〇年的『寧靜革命』，競選政見內有許多基本元素都在這場演說裡」。邱吉爾在一次極精彩的演說中主張，「文明的總體方向是朝強化社會集體功能發展」，他合理地相信這要靠政府而非民間企業：

我很希望看到政府進行各種新穎、大膽的實驗……我認爲政府應該漸常扮演勞工後備雇主的角色。我很遺憾我們未能掌控國家的鐵路……我們都同意……應該更加認眞地承擔起照顧老病、尤其是兒童的責任。我期待普遍建立生活與勞動的最低標準，並隨著生產力逐步提升……我不希望損害競爭的活力，但我們可透過許多作爲，以緩和失敗的後果……我們要讓自由競爭的結果是向上提升；絕不容許向下沉淪。我們不希望拉下科學與文明的結構，而是要撒出一個安全網，避免人民跌落深淵。

談到政府安全網乃至現代福利國的**觀念**，最有資格自稱發明者的非碧翠絲．韋伯莫屬。她在一九四三年去世前不久回顧一生，很滿意地說：「我們認爲，未來子孫的生活只能託付給政府……簡而言之，我們體認到有一種新的國家形式，或可稱之爲『家政國』，有別於『警察國』。」

這個觀念的種子源自她與韋伯的工會研究。兩人在一八九七年合著的《產業民主》裡，提議建立全面性的國家健康與安全標準。「國家最低標準」可保障除了農工與家僕之外的所有勞工，其中最激進的觀念是全國最低工資。他們認爲：「產業競爭在缺乏規範的情況下，結果往往使得某些職業創造出對國家整體有害的就業條件，而且難以改變。」因此，韋伯夫婦堅持，由政府設立工資與工作條件的最低界線並非如馬克思和米爾認爲的，在本質上無法與不受阻礙的生產力成長並存，而生產力成長正是實質工資與生活水準提升的基礎。他們指出，企業固然會因這些規範付出成本，但會因此減少工安事故，勞工的營養更好，注意力更集中，這些益處絕對超過增加的成本。不過他們也承認，政府對民間企業的權力大幅擴充，遠超過工會領導者的預期；工會領導者最希望的，其實是自由爭取更高的工資與更好的勞工條件。

不過，碧翠絲還要再過十年後，才會想到「新形式國家」的宏大觀念。一九〇五年末，在保守黨的貝爾福政府執政最後的時日，碧翠絲被指派加入一個協助改革濟貧法的皇家委員會。該委員會在自由黨政府之下繼續運作三年。從一開始，碧翠絲就和其他委員相衝突；她採納馬歇爾所說的「貧窮的根源是貧窮」，以絕對而非相對的語彙定義這個問題。她分析，不平等是無法避免的，因此，意謂擁有的比別人少的「貧窮」也是不可避免的，但「缺少生活的某種必需品，以至於健康與體力甚至生命力受到損傷，到最後危及生命本身」的赤貧卻不是不可避免的。消除赤貧可避免這一代的貧窮自動傳承給下一代。

碧翠絲在倫敦東區的時期就已能權威地描述一些家庭的狀況，例如「家中幾乎不斷有某甲或某乙交替出現潰瘍、消化不良、頭痛、風濕、支氣管炎、身體疼痛，每隔一段時間又有人罹患重病，或因早夭而提早解脫」，或是有些家庭的父親失業，「意味沒有食物、衣服、燃料、像樣的住家」；或是那些無法工作的人──帶著幼兒的寡婦、老人、瘋子。

有人認爲赤貧總能溯及某種道德的缺陷，碧翠絲斥之爲無稽。她列出五種因素，與五大類**赤貧**的個人與家庭相呼應：病人；帶著幼兒的寡婦；老人；罹患從弱智到瘋狂等各種心理疾病的人；最麻煩的一類是身強體健的赤貧者。碧翠絲認爲，這類人的赤貧導因於失業與長期就業不足。

她表明，消除赤貧的迫切需要並非因爲「感受到情況惡化，而是因爲社會組織的各方面標準都穩定提高了」。她指的是勞工階級現在有了投票權，而且英國的主要國際競爭對手德國又採行各種社會福利措施。

英國現有政策的問題是只對迫切尋求協助的人提供救濟，卻沒有做什麼事從源頭預防赤貧與倚賴。正如碧翠絲所說的，「濟貧法執行當局透過各種措施救助陷入赤貧的血汗勞工，卻沒有任何作爲，避免他們淪爲血汗勞工」，或是「避免勞工被裁員或預防生病……防止勞工因工安事故而喪命、傷殘，或是因不健康的住房及可預防的職業病導致健康過度耗損」。

碧翠絲希望政府盡可能不要提供福利，而是投入消除貧窮的根源。「預防政策的精髓是，每個個案需要的都不是救濟，而是因應需求的處治」。她不曾懷疑政府或是專家是否知道如何治療「現代生活的弊病」，或擔憂相關費用。她抱持的是「家政國」的宏大願景，講求防患貧窮而不只是救濟，這讓她無可避免會和其他委員較侷限的目標相衝突。碧翠絲稟持一直以來的計畫，拒絕在委員會的報告上簽名。反倒是與夫婿耗費一九○八年的前九個月，將她的願景投入名爲《少數派報告》（*The Minority Report*）的文件，並說服其他三名委員簽名。她稱之爲「偉大的集體主義文件」，該文件描繪一套一個人從搖籃到墳墓的制度，旨在「確保全國所有的人，包含不同性別與階級，皆能享有最低限度的文明生活……我們指的是讓人民在幼時能有足夠的營養與訓練，年長力壯時有足夠維持基本生活的工資，生病時能獲得治療，失能或年老時能有簡單但安穩的生活」。

碧翠絲承認，這個理念可能會被其他改革者認為太過烏托邦，而且等於揚棄傳統的有限政府。她相信，家政國不同於社會主義國，可與自由市場與民主完美並存。事實上，她自認提出的福利國不過將是自由主義國家自然演化的下個階段。然而，碧翠絲認為人民的基本福利是國家的責任、政府有義務提供最低生活水準給每一位無力自給的人民的這種觀念，不僅偏離史賓塞的「最小限度國家」（minimal state）的理想，也和承諾機會均等但後果由個人與市場決定的「格萊斯頓式自由主義」（Gladstonian liberalism）的整個傳統切割，遠遠超越當時各種除了社會主義極端派別之外的所有人曾討論的理念。

她的朋友蕭伯納在評論《少數派報告》時預測，「這篇報告對社會學與政治學的影響，可能不下於達爾文的《物種源始》對哲學與自然歷史的影響。內容兼具宏偉、革命性、理性與務實，這正是激勵、吸引新世代所需的條件」。他又說：「個人擁有生活權，社會也有權維持他的健康與效率，這無關個人帶給任何民間雇主的商業利益。」也就是說，碧翠絲此處探討的目標遠超過馬歇爾所說的提高生產力與工資。「個人是社會有機體的一個細胞，要維持有機體的健康就必須維護個人的健康」。

最低工資；所有工作場所應符合休閒、安全與健康的最低標準；安全網；就業服務機構；透過調整政府大型計畫來對抗週期性失業等——這些觀念有許多人提出過。事實上，引發長期貧窮的條件或是碧翠絲所謂的赤貧這樣更嚴重的狀況，是可以預防的，但預防的責任在於政府；爲了防患未然，政府必須採用新的辦法；這點事實上也有許多人提出過，但無人表達得如碧翠絲這般清楚、有系統，且常常直接提出「當局需要的實用提議」。也沒有人的用字遣詞能讓革命性的改變看起來像自然演化，甚至不可避免。

讓激進的改變看起來像自然演化正是碧翠絲的天賦。但就連她都很驚訝，她與韋伯在一八九〇年代還被視爲過度烏托邦的觀念，在十年後竟然這麼快就變得務實，或至少在政治上具有意義。多年後，碧翠絲回顧《產業自由》，她有些志得意滿地說：「事實上，本世紀社會史的一個特點是行政部門與立法部門都祕密地、且通常敷衍地採行本書所陳述的『國家最低保障政策』。」

一九〇八年對新的自由黨政府是極關鍵的一年。失業率與工會鬥爭日益惡化，自由黨在國會占壓倒性的多數，「社會問題」成爲最受關注的政治議題，碧翠絲在日記裡寫道：大家都在「競逐新的建設性觀念」。韋伯夫妻的身價節節升高。「我們恰巧有很多觀念可提供，因此大家都急切要找我們」，碧翠絲得意地寫道：「遇到的每個政治人物都想被『指導』。眞的很滑稽，似乎不論是保守黨、自由黨或工黨，全部都殷切乞求提供實用的提議。」她決定這情況値得慶祝，便訂購了一件新的晚禮服。

一九〇八年十月，碧翠絲得意地說：「邱吉爾已經熟悉韋伯計畫了，」並說他們「重新建立了友誼」。此時的邱吉爾已通過她的考驗，在她的日記裡歸類為「優秀有為，不只是說話天花亂墜而已」。

在艾斯奎斯（Herbert Henry Asquith）領導的自由黨執政頭兩年，邱吉爾的改革行動多半只是口頭上的。儘管自由黨在一九〇六年的選戰大勝，該黨除了恢復對工會的若干保護之外，並未推動多少計劃。一九〇八年四月，僵局終於打破，時年三十三歲的邱吉爾繼大衛・勞合・喬治（David Lloyd George）之後成為貿易局局長，相當於內閣層級。碧翠絲發現此一內閣改組十分「激勵人心」。這個職位綜合了美國勞工部與商務部的許多職責，涵蓋範圍極廣，包括商標登記、公司法規、商船、鐵路、勞工仲裁、提供外交部對貿易事務的意見。勞合・喬治的傳記作者指出，局長的職責可總結為確保「資本主義的運作順暢且有秩序」。但邱吉爾利用這個職位引入激進的社會改革。他當時的一位友人說：「他滿腦子想著剛剛發掘的窮人，他認為自己是奉上帝召喚為窮人做事。」他問自己：「除非是上天要我為窮人做點什麼，不然為何我總能在千鈞一髮之際與死神擦身而過？」

接下來兩年，邱吉爾和時任財政大臣的勞合・喬治合作，永久終結「專注於自由意志主義政治議題的舊格萊斯頓傳統，『人民的生活狀況』任其自行解決」。新任的貿易局長還沒等到就職便熬夜寫了一封長信給首相，列出他個人的政策願望清單。他先來上一段簡短的華麗辭藻，「跨越無知的鴻溝，我在微光中看到一種政策的輪廓，我稱之爲最低標準」。邱吉爾以五項元素定義他的最低標準，列爲優先立法的重點；分別是失業保險，傷殘保險，義務教育到十七歲，以造路或植林等公共工程代替濟貧，鐵路國有化。

一九〇七年恐慌之後，陷入衰退的英國經濟讓邱吉爾的建議更顯得符合即時需求。一九〇七年末，工會成員的失業率爲百分之五，一年內增加了一倍。馬歇爾說，失業率提高通常導因於企業活動減少，如今碧翠絲則指出，失業又會成爲貧窮的主因。但關於政府是否應該或能否進行干預並無共識。邱吉爾知道他的提議遠超過首相艾斯奎斯所想的，於是他決定挑戰傳統觀念，督促自由黨政府依循德國的例子引進失業及健康保險。「我說，在我們的產業體系底下塞入一大片俾斯麥主義，然後就問心無愧地靜待結果」。碧翠絲興高采烈地說邱吉爾「確實眞心想全力投入建設性的國家行動」，認定「喬治與邱吉爾是自由黨裡最優秀的兩人」。她讚賞邱吉爾「能快速理解與迅速執行新觀念，雖則對背後的哲學不太了解」。

到最後，整個改革活動幾乎被自由黨與上議院否決派的角力所淹沒，但值得注意的是之間有多少法案通過了；曼徹斯特說：「在邱吉爾與勞合・喬治上任之前，嘗試透過立法爲弱勢者提供救濟的努力一直都無法成功。」

但碧翠絲卻在成本遠比直接提供服務低的社會保險一役上敗下陣來，不過她終究贏了福利國之戰。她與韋伯提供有力的論述，證明「國家有責任提供更多的服務，在國家龐大機器的支援下，由更多專家執行」。《少數派報告》是最早描述現代福利國的文件之一。貝弗里奇爵士（Lord William Beveridge）參與《少數派報告》的研究，一九四二年的貝弗里奇計畫即是他的傑作。他後來承認，他之所以會在二次大戰後建構英國的福利國，「實源自我們所有人從韋伯夫婦那裡汲取到的觀念」。

第四章　黃金十字架——費雪與貨幣錯覺

這些可愛的人總是那麼認眞地進行新實驗；那麼煞有介事；眞的相信他們會愈來愈好、愈來愈聰明、愈來愈富有——每一年，每一月，每一天……噢！很不錯，韋伯太太，眞的是很不錯。

——史帝芬斯教授（H. Morse Stephens）對參觀康乃爾大學的碧翠絲說

「竟然是去美國……他們大可去俄國、印度或中國。這是什麼品味！」一八九八年春，碧翠絲和夫婿宣布要去紐約，一個相識的保守黨人士嘲弄地說。從這句貶低的話可以看出，韋伯夫妻並非以觀光客、而是以社會調查者的身分赴美。但碧翠絲開始大採購，採買「絲緞、手套、內衣、皮草以及一個四十歲頭腦清楚的女人會想買的一切，目的是讓美國人和殖民地的居民對集體主義精妙之處產生眞正的敬意」。既然要到全世界的社會實驗室走一遭，她決心讓當地人驚豔。

《全世界的美國化》（*The Americanization of the World*）還要再一兩年後才會成爲暢銷書，但韋伯夫婦當然很熟悉這本書的作者，同時也是《佩爾美爾報》編輯威廉·斯特德（William Stead）的觀點。斯特德相信，英國未來的經濟發展和前殖民地息息相關。相較於美國仍是英國領地的十八世紀，或是一八六〇年代美國內戰期間因聯邦封鎖南方港口導致蘭開夏棉荒，此時英美兩個經濟體的交互關係更緊密了。十九世紀的最後二十五年，英國人雖然還是較偏好帝國的產品，但進口自美國的原料數量已比來自英國殖民地的還多。英國記者發明了「美國入侵」一詞，該詞直到半個多世紀之後的一九六〇年代，才又被法國人復興起來。

一九〇二年，倫敦的一家報紙抱怨道：

一般大眾早上聽著美國的鬧鐘醒來；掀開新英格蘭的被子起床，抹上紐約的香皀，用美國北部的安全刮鬍刀刮鬍子。接著，他穿上西卡羅萊納的襪子，套上波士頓的靴子，繫好康乃狄克的吊褲帶，將瓦特伯利（Waterbury）的錶放入口袋，坐下來吃早餐……飯畢，他趕緊出門，搭上紐約製造的電車到市區，走進美國北部製造的電梯，轉搭美國安裝的火車到市區。到了辦公室，裡面當然一切都是美國製的。他坐在內布拉斯加的旋轉椅，前面是密西根的上掀書桌，他用雪城（Syracuse）製的打字機打一封信，用紐約的鋼筆簽名，用新英格蘭的吸油紙擦乾。信的副本收入大湍流市（Grand Rapids）製的檔案裡。

自由黨的首相威廉·格萊斯頓很早就預言，美國必然會奪走英國的經濟優勢。他在一八七八年提出觀察：「我們雖以驚人的速度前進，美國卻是輕輕鬆鬆就超越我們。」國家收入（每人GDP）是衡量平均生活水準最基本的標準，英國在一八七〇年還高出此標準百分之二十五。但美國在三年內，衡量經濟體生產力最基本的標準、也是平均工資水準的主要決定因素的每位勞工的國民收入，其成長速度幾乎快了一倍。原因之一是英國人每年將一半以上的儲蓄投資到美國，比投資於英國的更多，而且相較於投資鄰近歐洲國家的金額更是數倍之多。這些投資的獲利年年都讓英國的國民所得增加，同時也讓美國的企業邁向現代化。另一個因素是，全英國半數以上的移民選擇遷居美國，愛爾蘭的比例更高，三十年裡有近八百萬男女孩童移居美國。反之，加拿大的文化雖然感覺更接近，卻只吸引到低於百分之十五的英國移民。一八九〇年代，英美兩國的平均收入與生活水準趨於一致，英國首相格萊斯頓才會說，英國與美國是「歷史上首度出現大規模實施自由制度的」的重大典範。

美國從原本鄉村、農業社會轉變成以工業和都市爲主，同時成爲全球經濟成功的象徵，速度之快讓人不得不驚嘆。一八七五年，馬歇爾到美國旅行時，美國的主要收入來源是農業，其次是礦業。到了韋伯夫婦赴美時，製造業的工資與獲利已成長至農業收入的三倍。從一八八〇年到一九〇〇年，美國最大產業的年收入成長三倍。印刷與出版大增五倍，機械與麥芽威士忌四倍；鋼鐵與男裝三倍。電氣、冰箱、香菸製造、研磨蒸餾及其他機械、以油煤提煉產品爲基礎的全新產業、鐵路的延伸、連結至各地社區的電報系統，在在讓美國企業的規模、結構與影響範圍產生革命性的改變。一八一六年的雷明頓（Remington）、一八五一年的勝家（Singer）、一八七〇年的標準石油（Standard Oil）、一八八一年的鑽石火柴（Diamond Match），以及一八九〇年的美國菸草（American Tobacco）等公司紛紛誕生；大量分銷、大量生產、科學管理——大企業的時代來臨了。

碧翠絲與夫婿對美國政府的機制比對企業的運作更有興趣。他們的第一站是華盛頓特區，這是一個不幸的選擇，因爲美國首都當時正陷入戰爭熱。古巴暴動、西班牙鎭壓、咸認西班牙造成的緬因號戰艦在哈瓦那灣沉沒，引發主張軍事介入的強大草根運動。主戰的情緒壓過企業與宗教領袖以及共和黨總統麥金利（William McKinley）的反對聲音。時任美國總統麥金利宣示改變心意時，韋伯夫婦倆與一千多人同坐在眾議院的旁聽席。碧翠絲對眾議院甚感驚訝，對參議院則是感覺沒什麼。她倒是對老羅斯福（Theodore Roosevelt）印象不錯，老羅斯福當時是海軍副部長，也是重要的主戰者。當他談起在西部農場的生活點滴時，碧翠絲覺得「生氣蓬勃，讓人愉快」，另一方面，她又很失望，因爲老羅斯福吃飯時大部分時間都在「大談流血和威嚇」，似乎完全不在乎地方政府的重要性，而那正是碧翠絲與韋伯下一本書的主題。

紐約也沒給碧翠絲多少好感。

> 噪音，噪音，只有噪音……在這個城裡，你的感官會受干擾，耳朵幾乎要聾掉，眼

睛因爲不斷轉動而疲倦；在街車上，你的神經和肌肉被晃動；不論是搭普通汽車或火車，你在途中毫無片刻安靜；車門被打開再用力關上，乘客上上下下，兜售報紙、糖果、水果、飲料的男孩進進出出，一定要你看商品或逼得你粗魯拒絕；車掌開窗關窗；燃氣引擎啓動關閉；引擎鈴聲不斷響起，不時有更像號角警告航行霧中的船隻的汽笛聲大作，警告有火車來了。

碧翠絲不像馬歇爾或美國人那樣熱愛科技及科技所代表的移動性。不只是火車和摩天樓，「完美製造的電話、高明的速記員、快速電梯、各種電氣訊號」都無法讓她產生興趣。她不得不承認「美國人具有無所不在、極度強烈的『執行力』」，但她認爲這是因爲美國人輕易接受「金錢上的自利是唯一的推動力」的觀念。碧翠絲很快就認定，這個國家最大的性格缺陷是注意廣度太小，亦即「缺乏耐性」，認爲旅行、通訊與美國人一般生活中「噪音、混亂、喧鬧與繁忙」的快速度，不過是大量浪費精力。她認爲：「他們這麼欣賞機械發明，在我們看來似乎彰顯出美國人不喜歡事前考慮。」馬歇爾認爲，美國人會那麼熱切地去管理、組織、完成事情與喜歡冒險，這股「神經質的活力」與創新力或社會流動性有關，碧翠絲倒是沒有這個感覺。

幾週後，碧翠絲與韋伯向西行，第一站是匹茲堡。她去參觀「製造財富的龐大機器」的卡內基鋼鐵（Carnegie Steel），該廠後來成爲美國鋼鐵（U.S. Steel）；她在看到科技取代人力的程度後，十分驚訝。佛立克（Henry Clay Frick）引領碧翠絲到賓州家園市的鋼鐵廠參觀。他告訴碧翠絲，短短幾年內，卡內基鋼鐵的產量倍增三倍，員工卻從三千四百人減至三千人。她這樣描述：

好幾畝的廠房內都是功能最強最新穎的機器，廠內幾乎看不到人跡。巨大的引擎、吊車和熔爐賣力振動，似乎完全不需要人力協助。偶爾才會看到一個人關在一個小艙房裡，掛在地面與眾多棚架之間，操作某種電氣機器，轉動、引導數百萬匹馬力……我們推斷，節省人力的偉大科技進步都發生在近十年內，主要是應用電力操作自動機器。「運送車」代替人力將大量鋼鐵送進與送出輥軋機；由單人操作自動機器，轉動機械手臂打開爐門，將高溫鐵片舉出，送進運送車；一籃籃廢鐵自動裝入熔爐，同樣也由單人操作——這些全都是在過去六年間發明的。

碧翠絲很聰明地推斷，卡內基鋼鐵的驚人成就主因不是「機械發明」，這些發明全世界其他鋼鐵廠也都能使用，而應歸功於優異的管理組織。她注意到，這家民營企業的所有股東都是企業的員工，公司「對所有勞心的員工表現得極爲慷慨」，提供「漂亮的房子……歐洲旅遊，在國內還有數不盡的福利」。

城市又不一樣了：

儼然就是地獄……結合了英國最糟糕的重工業區的煙塵和最古老義大利城市的髒污排水系統。那裡的人是被上帝遺棄的一群……廉價公寓背對著背，荒謬的木造建築擠在二十層樓高的辦公大樓之間，街道狹窄擁擠，旁邊卻有電車以二十里的時速呼嘯而過，這絕對是貪腐之最的美國政府之下最不堪的地方。

碧翠絲明白了查爾斯．崔維林（Charles Philip Trevelyan）在她到美國之前對她提出的警告：被她稱爲「卑鄙小人」的安德烈．卡內基（Andrew Carnegie）及匹茲堡的其他大亨「大可以蓋出一兩座公園或一間免費的圖書館之類的」，卻任由該城「完全空洞」。碧翠絲離開匹茲堡後，匆匆前往芝加哥、丹佛、鹽湖城和舊金山。之後當她取道夏威夷前往紐西蘭和澳洲時，她已深信美國的社會實驗沒有多少值得世界其他國家學習之處。

碧翠絲在離開紐約之前，找了幾位教育家和經濟學家見面。她對美國學術界的印象並不好，唯一例外是後來成爲普林斯頓大學校長的伍德羅．威爾遜（Woodrow Wilson）。在一次哥倫比亞大學的餐會之後，碧翠絲將一位經濟學教授比擬爲「比較優秀的小學老師」，形容該校校園「介於醫院和倫敦技術學校之間」，耶魯不過是「相當小的傳統大學」。對於擬出「休曼反壟斷法案」（Sherman Antitrust Act）的約翰・休曼（John Sherman），她則抱怨：「從他的外表舉止和言談看來，我會以為他是個西部城市有幹勁、上進的商店經理。」

◆　◆　◆

耶魯經濟學系的新任教員歐文・費雪（Irving Fisher）當然既不平庸也不無趣。他的眼睛閃爍著聰明的光芒，握手很有力量，擁有運動員的體格與舉止，臉龐英俊還帶點孩子氣。三十歲的費雪是劍橋及英國歐陸等地看重的唯一一位美國經濟學理論家，馬歇爾與法國數學經濟學家雷昂・瓦拉斯（Leon Walras）更譽稱他為天才。

費雪於美國內戰結束兩年後生於紐約哈德森河谷內一處名為索吉提斯（Saugerties）的農村，他的名字是依《沉睡谷傳奇》（*The Legend of Sleepy Hollow*）的作者華盛頓・歐文（Washington Irving）命名。他的祖父是個農夫，父親喬治・費雪（George Fisher）則是位品格高尚的福音派牧師。他的母親原是父親的學生，意志堅定而虔誠。當時剛從耶魯神學院畢業的父親，在兒子一歲時，受邀至羅得島和平谷擔任牧師。

和平谷就像亨利．詹姆斯小說《奉使記》（*The Ambassadors*）裡想像的新英格蘭工業鎮，只是規模更小、景色更加如詩如畫。就像《奉使記》裡的麻州伍列市（Woollett），費雪在一個繁榮、家長式管理、沉浸在新英格蘭的福音主義信念的小鎮度過童年。小鎮的重要人物及慈善家是貴格派的哈沙德三世（Rowland Hazard III），他繼承了父親的羊毛廠，自己又創立了化學公司。哈沙德被視爲進步的雇主，建立員工利潤分享制，將事業經營權交給兒子們之後，便投入政治改革的第二事業。哈沙德的女兒卡洛琳（Caroline），後來成爲衛斯理學院（Wellesley College）的校長。哈沙德建造公理會教堂（Congregational church），邀請喬治．費雪擔任第一位牧師。因爲哈沙德的關係，歐文．費雪在占地廣大、看得見大西洋的牧師住宅中成長，環繞身邊的都是「單純」和「誠實的人」。

費雪十三歲時，他的父親突然離開教眾與家人，前往歐洲漫遊一年，造訪重要的大學和大教堂所在的城鎮。回來後，不安的心情促使他大力推動禁酒，不久後便導致教區陷入嚴重的爭議。由於教友不再支持，他只好辭去職務，舉家搬到康乃狄克州新哈芬（New Haven）擁擠的出租公寓，讓費雪就讀公立學校。費雪一家足足有兩年的時間完全仰賴親戚資助。

後來喬治終於找到新的牧師職，地點卻是遠在一千二百里外的密蘇里和堪薩斯兩州的交界。馬歇爾在一八七五年寫道，密蘇里「充滿沼澤、黑人、愛爾蘭人、瘧疾、繁茂的野花和大量的……玉米」，聖路易（St. Louis）更是特別「不健康的城市」。但炎熱與潮濕並未阻擋來自東部一波波的移民，這些人都是被上漲的小麥和農地價格吸引來的。密蘇里的科麥隆市（Cameron）混雜著火車車廠、倉庫、飼養場、兩旁有大房子的幾條寬闊街道，另外還有十幾間教堂。一八八三年秋，喬治離開新哈芬，預計隔年春天要接妻子和小兒子過來。當時已十六歲的費雪和父親一起到了聖路易，和姑姑及擔任華盛頓大學教授教職的姑丈同住。父親安排兒子在一所當地菁英的公理會預校完成中學教育，熱切希望天賦優異的長子能讀耶魯，最後在當地從事神職。

喬治繼續他的旅程，這是父子一生中第二度的分離。兩人都期待能再相聚，但科麥隆和聖路易相距約三百里，在冰雪酷寒的天氣裡往返實在太過遙遠。在科麥隆的第一個冬天結束時，喬治出現奇怪的倦怠、發燒不退、心情沮喪等現象，這些很快就被確認爲肺結核的典型症狀。五月份，病重的喬治啓程踏上返回東部的漫長旅途。他在新澤西州另一個妹婿的家中和妻子么兒相聚，那位妹婿是個醫生，他收留了費雪全家並照顧瀕危的喬治。費雪留在聖路易，父親堅持要他在當地讀完中學及參加大學入學考。費雪以優異成績畢業，獲得耶魯獎學金，一八八四年七月，當費雪與父母弟弟團聚時，這時他的父親已近臨終，最後留下身無分文的寡婦和十歲及十七歲的兒子。

費雪除了悲傷之外還要忍受失望之苦，他幾乎確定自己得延後、甚至完全放棄大學課業了。他想得到的唯一希望是回到密蘇里，到同學家的農地工作，費雪在前年夏天曾去打工過。

所幸他發現父親生前曾拿五百美元交給和平谷的一個朋友投資，指定做爲費雪的教育費。如果他和母弟住在耶魯附近的三房公寓，母親可將其中一房租給學生，他可以當家教，此外加上獎學金和父親留下的錢，這樣就能按照計畫在一八八四年秋天到耶魯註冊。

約西亞．吉布斯（Josiah Willard Gibbs）是耶魯「最了不起的人」之一，他認爲，一個人若想主宰這世界，必須接受許多教育。當時罕有工作需要大學教育，只有百分之一至二的年輕人禁得起犧牲四年的工資所得。但到了一八八〇年代，美國開始有愈來愈多的小鎮男孩「渴望逃脫童年的劣勢」，認爲讀大學是一條有希望的出路。工程師、會計師、律師、教師，此外當然還有新企業的管理者，這些角色在美國新的工業與都會經濟裡皆快速增加，足以成爲大眾另一條出人頭地的道路，而不再只能靠著「辛苦賺錢」那條漫長、不確定、艱苦的路。

家裡有錢的耶魯大學生實在太尋常了，尋常到其社會價値被嚴重低估，這對費雪這種貧窮但有野心的男孩是很幸運的。要建立人緣與名聲，仰賴的是運動、演說、辯論、機智乃至研究學問的本事。費雪是划船校隊，在大三成果展的辯論比賽裡技驚四座，在數學與其他科目上贏得眾人垂涎的獎項，在全班一二四人當中以第一名畢業。但他的大學生涯最高峰是在他獲選加入祕密菁英社團「骷髏會」（Skull and Bones）的那一天。

詩人盧奇瑟（Muriel Rukeyser）在她所撰寫的吉布斯傳記裡指出，當時的美國「科學發展正方興未艾」。一八八〇年代，科學活動在美國非常蓬勃，大眾對科學的興趣日漸濃厚。達爾文、史賓塞、獨力發現天擇演化的華萊士（Alfred Russel Wallace）都成了家喻戶曉的名人；動物園與自然科學博物館大量出現；科幻小說誕生。愛德華．貝拉米（Edward Bellamy）在一八八七年出版的《回顧》（*Looking Backward: 2000–1887*）一書，將讀者帶往西元二〇〇〇年的波士頓，描繪出留聲機、信用卡、收音機的黃金時代。新的專業協會、科學刊物、實驗室如雨後春筍冒出，大學教育的重點不再是古典文學，而轉變為訓練科學與技術人才。紐約的布魯克林橋在費雪讀中學畢業班的那年開放，象徵科學具有改變社會的力量。大企業、企業財富的興起，加上鐵路在經濟成長中的角色日益重要，在在激發世人想尋找新的「掌控的工具」。在大眾心目中，科學日漸成為致富之道，同時更可用以解決貧窮、疾病、無知等社會弊病。

吉布斯身兼物理學家、化學家和數學家，他也是第一個將熱力學第二定律應用到化學上的人。他說，科學家的功用是「找出一種角度，讓主題以最簡單的形式呈現」。吉布斯大力主張將科學數學化，數學是國際共同的語言，也是分析的工具，因此，數學可促進全球科學家之間的觀念交流，就像數百年來植物學家與解剖學家都靠拉丁文溝通一樣。吉布斯幾乎從不在教員會議中發言，但某次眾人在會中激辯數學是否可代替希臘或拉丁文做爲耶魯的古典語言必修課，他最後站了起來，禮貌地咳嗽，一邊走出去一邊低聲說：「數學**本來就是**一種語言。」

費雪讀到大四時，自認是個數學家，但渴望學習更多知識。「我要知道哲學與宗教的事實」，他不想和來自聖路易士的好友艾略特（Will Eliot）一樣當個牧師。費雪在不同的時候曾想過投入法律、鐵路、公職和科學。「我想做的事情那麼多！總覺得沒有時間完成我想完成的，我要讀很多書。」他在寫給艾略特的信中說：「寫很多東西，賺很多錢。」最後費雪選擇「財富的科學」。

泛指一八九〇年代至一九二〇年代的「進步時代」的美國經濟，通常被形容成完全違背英國朝集體主義與福利國家發展的方向。經濟學界除了一些如韋伯倫（Thorstein Veblen）在內、所謂的「制度經濟學派」對商業社會提出批判外，似乎是由社會達爾文主義者主導；這些人爲自由放任與富人的利益辯護，踐踏窮人。

然而事實絕非如此。「美國經濟學會」的每個創始會員幾乎都曾於柏林、哥廷根（Gottingen）或慕尼黑接受過訓練與培養世界觀，與德國的「經濟歷史學派」有相同的價値觀；經濟歷史學派迥異於英國的經濟學，明白譴責自由競爭，擁護福利國家。在耶魯教授政治經濟學的哈德里（Arthur Hadley）提到美國的經濟學家時，曾輕蔑地稱之爲：「一大群具影響力的人士，卻專司擴充政府的功能。」若不是有一個最惡名昭彰的薩姆納（William Graham Sumner），耶魯的經濟系也不例外。史學家理查・霍夫斯塔特（Richard Hofstadter）曾警告，保守對民主，左派對右派，這些當代的標籤套用在十九世紀的知識分子頭上很不適合。他談到薩姆納時曾經提出一個修辭性的問題：「在整個思想史上，可曾有過如此進步的保守主義？」薩姆納是英國移民勞工之子，曾擔任過聖公會牧師，他不僅是政治經濟學家，也是美國第一位社會學家。薩姆納很嚴肅，斑白的頭髮修得極短，近五十歲時自學「兩種北歐語、荷蘭語、西班牙語、葡萄牙語、義大利語、俄語和波蘭語」，將「新哈芬變成社會達爾文主義的講壇」，宣揚他的自由意志主義觀點。他的演說被當代人評爲「獨斷」，舉止「冷淡」，聲音「剛硬如鐵」。但薩姆納在講課時很熱切，勇於獨排眾議，卻也讓他成爲耶魯最受歡迎的講師。

薩姆納非常欣賞達爾文和史賓塞。他不僅反對大政府，也反對多數民間慈善機構的活動。他的經濟學是徹底的馬爾薩斯派，亦即非常悲觀；就像馬爾薩斯、李嘉圖、米爾一樣，他認爲任何加速社會演化的做法都是誤導、愚蠢、詭辯或「假公濟私」。但就像他欣賞的這些經濟思想家，薩姆納當然不主張維持現狀。他接受過神職訓練，對戰爭與社會福利同樣譴責，對工會與銀行家梅隆（Andrew Mellon）的財產權同樣支持，對職業婦女與自由貿易同樣稱許。耶魯的校長曾舉神學的理由，禁止他使用史賓塞的《社會學原理》（*Principles of Sociology*）爲教科書，薩姆納威脅要辭職。韋伯夫婦造訪時，薩姆納公開譴責門羅主義與美西戰爭，此舉激怒了耶魯的共和黨校友，要求校方將他解聘。

根據費雪的兒子歐文・諾頓・費雪（Irving Norton Fisher）的說法，薩姆納的每一門課費雪幾乎都選了。他以數學家或實驗科學家的方式去學習經濟學，曾經對好友艾略特這樣自述：「你的冷靜分析的數學友人。」費雪學習經濟學不久後，便認定一個受過科學思想訓練的人，亦即冷靜分析的數學家，能大有作爲。

一八九〇年春，費雪就論文題目求教於薩姆納；薩姆納此時的興趣已從古典政治經濟學轉移到「社會科學」，深深沉浸在奇特的中年語言學習熱裡，忙著收集人種誌的資料，一心想爲社會學建立更嚴謹的基礎。在這樣的觀念下，他建議費雪寫數學經濟學，這不僅是很新的主題，技術上也超越包含薩姆納自己在內的多數老一輩的經濟學家。他把威廉・傑文斯（William Stanley Jevons）所寫的書借給費雪；傑文斯與其他人開創了一種新的方法，利用微積分探討邊際變動，分析消費者的選擇。

當時一些有抱負的年輕文科學者一心想讓各自的領域更科學化，紛紛抓住科學知識當做特別的工具。那一年，剛從歐洲回來的心理學家兼哲學家威廉・詹姆斯（William

James）寫信對朋友說：「在我看來時機似乎已成熟，心理學將要變成科學了。」費雪更早已視數學爲理想的全球通用語言，有利觀念交流。他對於強化政治經濟學的理論基礎很感興趣，就像吉布斯爲化學所做的：

一個工程師要能建造布魯克林橋或在建成之後在橋上發表意見，首先必須學習數學、力學、壓力的**理論**、吊繩的自然曲線等等。同樣的道理，將政治經濟學運用到火車費率、信託問題、一些貨幣危機的解釋之前，最好先發展出政治經濟學的一般**理論**。

粗糙的社會達爾文主義者及反對他們的社會主義者認爲，競爭是現代經濟的特點，他們將市場的運作比擬爲叢林法則。但就像馬歇爾，費雪認爲更值得注意的，是家庭、公司、政府這些不同經濟行爲主體之間的高度互賴與合作，以及單一原因如何經由多種管道產生最終的效果。

費雪偶爾會從新哈芬前去紐約，他有幾次曾造訪紐約的證券交易所。當他閱讀薩姆納借給他的書時，腦中經常想到證券市場的運作。他很驚訝經濟學家顯然向歷史較久的物理學借用了許多詞彙；經濟學家會談到「作用力」、「流量」、「膨脹」、「擴張」、「緊縮」。但就費雪所知，目前還無人嘗試建構一個實際模型，解釋是何種過程導致「美麗、複雜的均衡現象表現在一個大城市的交易所上，背後的原因與影響的範圍卻遠在城市之外」。

馬歇爾視現代經濟學爲「分析的引擎」，利用圖表追蹤外部因素對個別市場的影響。費雪決定要建構一個足以解釋整個經濟體的數學模型，他要追蹤市場如何「計算」出讓供需相等的價格。費雪是務實的北方人，他希望他的模型不只是數學符號，還能提供數值解答。他幾乎在一開始進行模型研究時，就決定要更進一步發展他的計畫，以水壓機械爲本，建立算式的物理模擬。大概只有曾在實驗室花上數百小時重複進行乏味的物理實驗的人，才可能想到做這件事。費雪請吉布斯閱讀他的稿子，因爲吉布斯遠比薩姆納更能了解他想達成的效果。

依據費雪的模型，一切事物都互相影響。一位消費者對一項商品的需求程度，要看他對其他所有商品的需求程度。費雪承認，水壓機械是很龐大的裝置，有貯水槽、調節閥、槓桿、平衡機、凸輪，應用在「紐約或芝加哥」的交易所「即使再好也是不完美」，但他一點都沒有辯解的意思。這位博士候選人在論文裡寫道：「任何科學都無法避免觀念的假設，物理學家從未充分解釋宇宙裡的任何一件事實，只能趨近事實。經濟學家也無法希冀能做得更好。」

透過這種神奇的物理裝置，你能想像一些因素的交互作用如何產生價格；同時也可

「運用該機制做爲研究工具」，了解複雜遙遠的交互關係。舉例來說，你會看到單一市場的供給或需求在遭遇外在衝擊時，如何影響十個市場的所有價格與產量，改變所有市場的價格與數量，以及改變消費者的收入與產品選購。一九六〇年代發展出的模擬與預測模型，可在大型主機運算數千種算式，今日的大學生還可藉此在筆電上計算一國的GDP，而費雪的水壓機械可說是這些模型的前身。可惜的是費雪的原始模型在參展途中毀壞，一九二五年雖重新建造，但兩者後人都已永遠無緣目睹。

費雪的論文寫於一八九〇年夏天，內含詳盡的調查與應用書目，顯示出他對數學方法的熱忱。他的這篇論文〈價值和價格理論的數學研究〉（Mathematical Investigations in the Theory of Value and Prices），被經濟學家保羅．薩繆森（Paul Samuelson）譽爲「有史以來最偉大的經濟學博士論文」。論文出版後，由馬歇爾及剛成立的英國經濟學會其他成員所創立的《經濟學期刊》（*Economic Journal*）稱許該論文爲天才傑作，評論者是數理經濟學創始人之一的牛津教授艾吉沃斯（Francis Ysidro Edgeworth）。他寫道：「我們至少可預期費雪博士以其深化純粹經濟學理論的基礎而名留後世。」馬歇爾對其他學者的貢獻吝於讚美，但在第三版的《經濟學原理》裡提到費雪的「研究」時評價極高，稱讚他「天資聰穎」，並將他列爲與「德英最深刻的思想家」具等量地位。

費雪眼中的經濟現實，尤其是他對於互相倚賴與互爲因果的覺察，影響到他對許多主題的想法。就在費雪取得博士學位之前，他向耶魯的政治學社團宣讀一篇論文，建議成立一個國際組織以代表世界上所有的國家，致力於和平解決國際衝突。史學家芭芭拉．塔克曼（Barbara Tuchman）說，推動和平聯盟的形成便是受到該論文的啓發，而那又激起美國總統威爾遜對組成國際聯盟的興趣。

一八九〇年代初的美國，在內戰結束後出現的鐵路、礦業、土地榮景陷入停滯，顯示金融局勢的不穩固。美國經濟繼一八九三年的恐慌與股市崩盤之後，陷入史上最嚴重的蕭條。費雪在寫給朋友艾略特的信中都未提到這些災難，就像珍．奧斯汀的小說裡完全沒有提及拿破崙戰爭。也許費雪的理由和珍．奧斯汀很相似：因爲他的心思都在愛情、追求與婚姻上。

正如他的一貫作風，費雪在衣錦還鄉之前，還一直拖延著不回他童年所在的和平谷。當年他離開和平谷時是一個很不快樂的十三歲少年，回來時披著「耶魯的輝煌外衣，是大學優等獎得獎學生、致畢業詞的畢業生代表、講師，現在更是數學教授」。就像維多利亞時代三部曲小說的男主角，他的目標是贏得女繼承人的芳心——或者應該說老闆的女兒，畢竟他是美國人。一切似乎全爲天意，費雪幾乎第一眼就愛上童年的玩伴，瑪格麗特．哈沙德（Margaret Hazard），大家都稱她爲瑪姬。

瑪姬出身優渥，性格平和，特別溫柔。她的姊妹比較知性，瑪姬則是較富創造力與母性。她對費雪百分百信任，堅定不移。她是有錢的女繼承人，他則身無分文，但她確信自己是最幸運的女人。兩人在一八九三年六月結婚，和平谷所有的人都來見證婚禮，參與慶祝。宣讀證詞的牧師多達三位，結婚蛋糕重達五十磅。當時的美國破產或擠兌的消息日日時可聽聞，這種豪奢讓有些人頗不以爲然。因此，這對新人接下來的做法也是對的——他們悄悄離開紐約，搭上遠洋客輪前往歐洲，展開長達一年的蜜月旅行。

愛默森曾經酸溜溜地說：「所有受過教育的美國人都去歐洲，無一例外。」有錢人會固定進行歐陸首都的「壯遊」；懷有學術抱負的人則是展開在各大學間的「壯遊」。一八九三年到九四年，費雪搭火車橫越英國與歐陸，與兩地爲數不多、但有增加趨勢的經濟學團體內每位優秀成員幾乎都有機會交換意見。他的「那本小書……爲他的歐洲行開拓了一條小路」，讓他得以立即進入經濟思想家的大都會團體。他在維也納與奧地利經濟學派創始人卡爾．門格爾（Carl Menger）餐敘，在瑞士洛桑與雷昂．瓦拉斯共餐。瓦拉斯優秀的學生帕雷托（Vilfredo Pareto）也參加了，帕雷托的妻子在茶會上抽煙，讓費雪嚇了一跳。他在牛津與不善言詞又心不在焉的艾吉沃斯交換意見，到劍橋朝聖，向馬歇爾致敬。馬歇爾甫出版的《經濟學原理》爲他奠定在理論經濟學界的領導者地位。

儘管行程緊湊，費雪仍有許多時間到巴黎聽數學家昂利．龐加萊（Henri Poincaré）講課，到柏林聽德國物理學家赫姆霍茲（Hermann Ludwig von Helmholtz）講課。這時的北歐對當時已有身孕的妻子而言實在太冷了，費雪便聘請一位學生幫他記筆記，自己帶著妻子去法國的里維耶拉（Riviera）。他獨自到阿爾卑斯山健行，看到水沖流過岩石，在底下聚成水池，突然有所領悟。「我看到池內的水流進流出，突然想到，資本與收入的基本差異就像池中水和流出的水」，費雪在牛津演說後，艾吉沃斯對同行的瑪姬說：「妳的先生會飛黃騰達。」

當費雪偕妻子回到新哈芬，哈沙德家已細心備妥一間全新裝潢的大宅等著。這時美國的氣氛很低迷，到了一八九五年，國內倒閉的銀行已超過五百家，一萬五千家公司宣告破產，七分之一的勞工失業。火紅的煉鐵高爐和大型紡織廠還在原地，綿延的鐵路仍能運貨，田野仍然滿布金黃色的小麥和玉米。但在充滿可能的豐饒裡潛藏著某種饑饉。一位牧師告訴教眾：「在我記憶中，從沒像過去這幾個月有這麼多人真的餓死。你們有沒有注意到報上報導，到處發現有許多死者，而驗屍報告指稱這些人是死於飢餓？」

民眾對「金融業」（money men）的憤怒無所不在。大北鐵路公司創辦人詹姆斯．希爾

（James J. Hill）寫信告訴一個朋友：「國人最近都在關注社會問題……十年來大家看到的是『鐵路、壟斷與托拉斯』，現在則是窮人對抗富人。」那一年，查爾斯．戴濟（Charles T. Dazey）的通俗劇《財富戰爭》（*The War of Wealth*）正在百老匯演出。

不景氣導致美國長期以來的社會與政治衝突更加惡化，但這不是階級之間主要的問題；雖然期間在一八九五年曾有「普爾曼罷工事件」（Pullman strike），不過罷工次數確實逐年減少。現在的衝突是在地區之間、不同產業的代表之間，以及大企業與小企業之間。西部的銀礦業者指責華盛頓讓金屬價格大跌，農夫責怪貪婪的東部銀行家和毫無憐憫心的獨占性鐵路公司讓他們債台高築。所有選民當中，農民的怒火最盛；經濟繁榮時他們沒有份，不景氣時卻將他們逼到絕境。物價普遍下跌，其中小麥、玉米、糖的跌幅平均更較其他東西多出兩三倍。凡是與農業沾上邊的人都在負債，被高利息壓得喘不過氣，深恐抵押品被銀行沒收。

一八九六年的美國總統大選成了選民對國家經濟方向的信任投票。時任民主黨總統格羅佛．克利夫蘭（Grover Cleveland）被自己的黨摒棄。三十六歲的民主黨提名人威廉．詹寧斯．布萊恩（William Jennings Bryan）向西部選民承諾，「要將鐵路收歸國有，取消關稅；最重要的，是要讓民眾免於金融苛政」。他稱東部的銀行家是「世界上最沒同情心、最肆無忌憚的一群投機者」，是「財富壟斷者」。銀行家反過來批評他是無政府主義者、阿諾德、[1]反基督者，「信口開河、口沫橫飛的煽動者」。他的共和黨對手威廉·麥金萊（William McKinley）是由大北鐵路公司創辦人詹姆斯·希爾及其他大亨拱出來的。

大選六週後，布萊恩將總統選戰打到金權的耶利哥城門（Jericho），將華爾街釘死在黃金的十字架上。耶魯大學秋季開學第一天，這位「偉大的平民」和上千名大學生及教授面對面。英俊魁梧的布萊恩頂著一頭飛揚的黑髮，戴著黑色毛氈帽和蝶形領帶，一上台便同時引發一陣噓聲與歡呼聲。

他告訴大家，一八九六年大選「最主要的問題」是看似難解的國家貨幣本位問題。他以低沉、沙啞的嗓音抨擊「金本制讓除了兌換金錢和擁有金錢的人之外的所有人挨餓」。一八七三年的法案採取金本位制，禁止自由鑄造銀幣，導致貨幣不足。布萊恩認爲此舉對農業這美國最大產業的危害遠甚於任何自然災害。他告訴聽眾：「當你將貨幣變稀少，貨幣就會變貴，變貴之後就會讓一切的價值變低，價格變低後日子就難過了」。

布萊恩認爲，振興經濟的唯一方法是讓貨幣再度變便宜，亦即將美元緊繫比黃金更具擴展性的東西，「讓國家的經濟能夠成長」。他指責麥金萊和支持他的「擁護金本位制的民主黨員」，想仰賴現任民主黨一蹋糊塗的「穩健貨幣」政策，以恢復繁榮的行爲是擇惡固執。不景氣狀況到了第四年，麥金萊和他的支持者組成的穩健貨幣陣營比較擔心的並非美國國內的問題，反而是通貨膨脹和倫敦的貨幣市場。凡是對農夫不好的對美國也不好，包括小企業、專業人士、工廠勞工，還有新哈芬的學生。如果銀本位制摧毀企業的「速度比金本位制更快，那肯定是情況糟得不得了。諸位朋友」，布萊恩對群眾說，「主張金本位制的政黨實質上就是主張繼續過苦日子」。

布萊恩一提到共和黨，學生就開始鼓噪、嘲笑，大喊麥金萊的名字。布萊恩有違一貫作風，脾氣失控地大聲說：「我已經太習慣和自食其力的年輕人談話了。有些人只想分配別人創造的財富而不願自己創造，我不知道要用何種語言跟這些人說話。」一位大二的學生記得布萊恩接下來說了一句話，但這句話被當事人否認：「這所大學百分之九十九的學生來自不做事的富裕家庭。」**九十九這個數字**就像賽跑的起跑槍聲，一八九九年班的學生大喊：「九十九！九、九、九十九！」直到布萊恩憤而下台，留下兌換銀錢的人依舊高踞聖殿。隔日《紐約時報》幸災樂禍地報導：「耶魯拒絕傾聽；嘲弄的鼓掌與銅管樂隊讓演講者受不了，只講了二十分鐘便憤而離席。」

費雪在信中向好友艾略特坦承：「我在**道德上**從沒像對『銀熱』（silver craze）這麼反

1 譯注：阿諾德，Benedict Arnold，是美國獨立戰爭時期的將軍，變節投誠英國。

感過。社會科學很不成熟……還要很長的時間才能到達『治療階段』。」

費雪剛從耶魯的數學系轉到政治經濟系，主要是爲了「與當前的時代直接產生關聯」，雖則他私底下認爲政治經濟系的成員「被自負沖昏頭」，過度相信自己懂得如何矯正這世界的弊病。費雪還是一貫地健康挺拔，定期慢跑、划船、游泳以保持體格，精力充沛彷彿永不疲倦。歲月在費雪身上留下的唯一印記是左眼目盲，這是某次打壁球發生意外的不幸結果。

費雪沒有什麼強烈的政治信念，但他發現教授的身分讓「大家預期他會有某種定見」。他警告，誤導的改革可能會讓社會情況更爲惡化。薩姆納曾在一本小冊子裡表達對民粹做法深刻憂慮，小冊子的標題極富煽動性：《改造世界的荒謬做法》（*The Absurd Effort to Make the World Over*）。在一八九三年恐慌之後的不景氣時期，費雪寫信給朋友艾略特：

談到社會改革，我感覺慈善家若太快對社會進行治療措施，結果恐怕是弊大於利。有志者能做的頂多是**對抗**「非採取行動不可」的心態，懇求大家在掌握足夠的知識可做爲行動的依據之前耐心靜候；同時將慈善作爲限制於已證明成功之處——主要是教育。市政、遏止弊端、教育……眼前有太多**具體**的改革可做，在做到這些「小事」之前，致力改善社會的有志之士不需要、也不應該大談廣泛的「社會」計畫。

不過，費雪後來並沒有聽從自己的建議。一八九五年十一月，費雪在美國經濟學會的會議上對於部分同僚「那麼輕鬆地……樂意干預貨幣」大為震驚，並嚴厲批評贊成同時以金銀做為貨幣的言論。「如果銀是比較便宜的金屬，金銀複本位制的結果一定是貨幣貶值……一種制度既然以公平正義為贏得認可的基礎，那麼採行如此明顯不公不義的做法毫無道理可言。竟然有人提議重新將金銀間的價格比訂為一比十五又二分之一，誠實的人都會感到駭然。」可以想見，這番話正中反布萊恩勢力的下懷。費雪於是被延攬加入紐約的「改革俱樂部穩健貨幣委員會」（Reform Club's sound money committee）與反布萊恩陣營。

貨幣為何會成為一八九六年總統大選的主要問題？這需要一些解釋。貨幣在歷史上一向被視為強大、人人想要、潛在邪惡、神祕的東西，類似自然災害或瘟疫。基督教與回教一向對利息極反感，從股市崩盤到擠兌到惡性通膨的金融危機往往會引發大眾對銀行家的憤怒。總之，貨幣是一個充滿迷思、迷信與情緒反應的主題。

一八八〇年代及一八九〇年代，兩邊的陣營在這場民粹爭辯裡都將自己選擇的金屬變成神話，將敵營的金屬惡魔化。邪惡的投機者成了一八八〇年代故事的定型角色，較早的例子有華格納歌劇《尼布龍根的指環》（*Der Ring des Nibelungens*）裡的尼布龍人（Nibelungs），以及安東尼．特洛勒普小說《紅塵浮生錄》（*The Way We Live Now*）裡的梅爾莫特（Auguste Melmotte）。史學家哈洛德．詹姆斯（Harold James）說：

十九世紀的世界係建立在世俗的原罪觀念上。當時許多思想家提出藥方來解決制度的不合理，與路德的觀念相當吻合，只不過是俗世的版本。要避免罪惡的延續必須仰賴強大的官方權威。創造性貪婪破壞了原本的自然社會，但國家能創造自己的秩序與社會，將精悍的資本主義毀滅力量導向正途，唯有如此才能避免馬克思或華格納或索爾斯伯利侯爵預言的末日危機。

美國的經濟學家一向比英國的經濟學家更執迷於「貨幣問題」，但這主要是歷史的偶然，一部分是因爲美國人長期以來對聯邦政府抱持懷疑態度，一部分則是因爲內戰時發行不可兌換的美鈔，容許二十年後兌換成黃金。更重要的是後來愈來愈常發生擠兌、金融恐慌、危機和不景氣，頻率高到危險的程度。英國財經作家華特．白哲特在一八七三年觀察到：

> 很重要的一點是，我們的產業組織不僅會受不規律的外在事件影響，還可能發生定期的內部變化。這些變化會讓我們的信用體系有時較他時更爲脆弱。這種週期性轉弱的重複模式讓人相信，恐慌的發生會依循固定的規則——也許每隔十年左右就必然會出現一次。

面對這種傳統的宿命論，也難怪會有這樣一位理想主義的年輕科學家挺身而出，宣示眞正的問題是貨幣未曾被充分或嚴謹地研究過；若是進一步了解貨幣在經濟事務裡扮演的角色，必能減少不理性的決策與不必要的衝突。

費雪在一八九二年出版的博士論文裡指出，「貨幣被用以衡量價值，自然會影響經濟價值的所有觀感。但很少人研究貨幣，環繞貨幣的神祕面紗是許多誤解與錯誤判斷的根源。」該篇論文研究的重點是談價格如何透過供需的互動「計算」出來，但費雪主要是將貨幣看成衡量的單位。金本位制做爲固定貨幣價值的機制是很原始的。費雪在寫論文時，就已發展出一種可能更好的機制——將美元相對於黃金的價值釘住消費者物價指數，據以穩定幣值。費雪視經濟均衡（equilibrium）爲參考點，貨幣面的干擾是不穩定的源頭。他在《價值和價格理論的數學研究》裡強調，「我們的分析裡所假定的理想靜止狀態實際上**從未**實現」，因此他深信「恐慌表示失衡」。

利息是儲蓄者讓別人使用其資金的代價，這是眞實、有價值的服務。資本的價值又取決於儲蓄者與投資者對未來利息支付情況的預期。通膨與通縮會導致收入的大幅變動，同時也是本位貨幣價值波動的結果，本位貨幣並非固定不變的衡量標準，也就是說，通膨與通縮並非煽動者與暴民所造成的，也不是華爾街銀行家的陰謀。

費雪是從一八八〇與一八九〇年代主宰美國政治的貨幣爭議開始投入經濟學，他最關切的是借貸雙方的公平，以及如何避免因貨幣價值變化莫測而使社會衝突加劇。實務上，個別商人很難區分其產品的價格變化與總體價格漲跌的差異，並據以調整合約。有些人不了解貨幣的價值不是固定的，便往往會把通膨或通縮的責任怪在如東部人、猶太人、外國人等代罪羔羊的頭上。

美國跟隨英國、德國、法國的腳步採行金本位制，亦即每個國家的貨幣都緊繫於定量的黃金，也就是定量的其他貨幣。你可以把它想成是一種世界貨幣，這對從事進出口的人非常方便。堪薩斯的農民將小麥賣給英國商人，收到的錢拿去支付工資、運費、種子商等等，因此英國商人必須拿英鎊買美元。從進口商的觀點來看，如果能有單一貨幣是最好的，次佳的選擇當然是知道一英鎊永遠可以兌換五美元。

許多人以爲貨幣相對於本地產品的價值是固定的，但遺憾的是固定匯率並非如此。事實上，當美元釘住定量的黃金，黃金、亦即美元，在本國的購買力可有百分之五十至一百的波動幅度。在一八八〇年代，由於國際間黃金不足，美元的價值劇升，導致物價水準下跌，想維持金本位制與希望回到銀本位制的雙方陷入更激烈的爭辯。

美國的農夫常會投機買賣土地，利用貸款購地，因此是淨負債。他們認爲，維持金本位制限制了貨幣供給，導致利率上升，農產價格下跌與收入減少。這表示農夫爲了支付本金或利息得賣出更多玉米、小麥、棉花，比辦理貸款時自己或銀行所預期的還多更多。費雪在聖路易讀書的那兩年和密蘇里的農家子弟結成好友，讀大學時的夏天在他們的農場工作過，因此對於西部的農業有第一手的了解。

一八九六年布萊恩參選總統期間，「自由鑄造銀幣運動」（free-silver movement）達到巔峰，費雪對金本位制的捍衛也是。他的專題論文《增值和利息》（*Appreciation and Interest*）此時剛出版。在他看來，議題重點在於分配正義。費雪承認「贊成同時以金銀做爲貨幣者」有一點是對的：通貨緊縮確實會讓放款人增加財富，但對借款人不利。但改爲銀本位制的主張還是大有問題，事實上，利率下降自然會抵消債務實質價值的增加，亦即從市場上得到補償……最後布萊恩在這場選戰中敗北。諷刺的是，就在布萊恩發表「黃金十字架」（Cross of Gold）演說時，金礦的發現與其他發展使得黃金供給量大增，美國並未放棄金本位制，但貨幣擴張還是終結了一八八〇與一八九〇年代的通貨緊縮狀況。

三十歲的費雪已寫了幾本書和專題論文，是學術界的明日之星，家庭成員也愈來愈多。他比二十歲時更強壯、英俊、有活力，經常騎車、步行、舉重。他最喜歡的運動是游泳，夏天時從來不為任何因素中止——即使面對緬因州外的冰冷海水或妻子的焦慮，費雪也不改其志。

一八九九年八月，費雪在家族的夏季度假屋外游泳時差點溺水。他在接下來的幾週出現倦怠、略微發燒、嚴重沮喪的症狀，他不祥地想起那讓父親致命的疾病的初期症狀。就在費雪過了三十一歲生日之後、同時升為全職教授不久，他被診斷罹患肺結核，這等於是對他宣判死刑。

史學家凱瑟琳．奧特（Katherine Ott）說：「肺結核是十九世紀的愛滋病。」到了二十世紀之交，主要大城有三分之一的死者死因是肺結核，罹患此一「白色瘟疫」的多是年輕成人。肺結核的罹病過程很可怕，復原率低得讓人沮喪。患者深恐確診後無可避免會失去工作與被人排擠。有人寫道：當醫生告知是肺結核，「接下來乾脆說：『願上帝讓你的靈魂安息』」，因為他覺得自己等於是死人了。費雪記得父親臨終時的樣子，乾癟、骨瘦如柴、完全聽不見，只能喝一小滴牛奶，幾乎無法言語。喬治．費雪苦熬數週，死時年僅五十三歲。

多數治療法都是強調休息、呼吸新鮮空氣、注意營養。「心靈療法」則認為肺結核導因於現代生活壓力太大，同時也反映出當時的人對於來自日本或中國的一切都大爲尊崇。實行心靈療法的人鼓勵大家爲自己的健康負責，主張「讓自己煩亂的思緒靜下來，才能連結上帝、人性或其他強大無形的精神」。那是講求正向思考的年代。費雪在當地一所男校演講時解釋他個人的哲學：

這世上所有的豐功偉業主要都仰賴心理的自制力。拿破崙將他的腦子比擬爲有很多抽屜的櫥櫃，他會拉出一個抽屜，檢查裡面的東西，關起來，再拉出另一個。美國銀行家摩根先生據說也有類似的自制力……一個人的**人生**其實不過是由意識流組成，也就是他容許腦中出現的一連串意象……我們有能力引導與選擇意識流，來形塑出我們所希望的性格。

接下來六年，費雪努力回復原有的健康、活力和正常的愉悅心情。他在紐約沙拉納克鎮的療養院待了將近半年。那家醫院仿效德國小說家湯瑪斯．曼在《魔山》（*Der Zauberberg*）裡描述的阿爾卑斯山療養院。費雪把孩子們被送去外公外婆家，瑪姬則陪伴他到沙拉納克。他們買了一件浣熊皮外套和一本惠蒂爾（John Greenleaf Whittier）的長詩《大雪封門》（*Snow-Bound*）去朗讀。一八九八年十二月，費雪寫信告訴艾略特：「醫生預期我一定會復原，但要花點時間。我坐在外面的陽台，溫度計顯示二十度，雪積了兩呎深，墨水都結凍了，因此改用鉛筆。」一九〇一年一月，醫生告訴他，他已完全康復了，但費雪又花了三年才恢復以往的活力。

經歷過肺結核又康復，喚醒費雪內在潛伏的傳道精神。他成了公共衛生的改革運動者，宣揚健康生活與心理控制，他相信這兩項因素是促成他的康復的主因。戰勝肺結核讓他有信心能化不可能為可能，例如讓平均壽命在二〇〇〇年增加一倍。當他遇見大力推動「生物學生活方式」（biologic living）的約翰．凱洛格（Dr. John Harvey Kellogg），費雪告知凱洛格，「他追尋的並不是像德萊昂去追尋青春之泉，[2]而是能幫助我們延長及享受青春的觀念」。受到凱洛格的影響，費雪以耶魯運動員為對象進行素食實驗；他到史密森尼協會應徵祕書工作，遊說設立內閣等級的衛生部門。一九〇八年，麥金萊總統遭人刺殺之後，繼任的是美國史上最年輕的總統老羅斯福，他延攬費雪進入國家保育委員會。保育觀念「的核心是體認我們對後代子孫有責任」。他指出，美國人現在享有富饒的生活，很難了解「我們是在消耗後代子孫的資產」。

一九〇六年，舊金山大地震那年，費雪宣示「經濟人」（Homo economicus）已不存在，自由放任是過時的觀念。他在美國科學促進協會的全體會議演說中指出，「在過去五十年來，經濟觀念最驚人的改變」就是接受政府的規範與福利措施。他說，自由論的基本概念認爲，個人是自我利益的最佳判斷者，追求自利就能爲社會帶來最大的利益，經驗證明這是錯的。政府規範與相當於十九世紀的非政府組織的自發改革運動不僅無害，而且是必要的。事實上，這些已爲保護自然環境與提升公共衛生做出不少貢獻。費雪說，如果他必須在薩姆納的極端自由意志主義與社會主義之間抉擇，他會選擇後者。他並舉出許多例子，說明對個人好的事情並不見得對社會有益，因此自由放任並非最佳政策。

一九〇六年出版的《資本和收入的性質》（*The Nature of Capital and Income*）反映出，費雪愈來愈明白資本其實就是保存未來的服務與利息。費雪相信，經濟互賴的趨勢——都市化、經濟專業化、全球化爲其典型表現，代表我們需要更多的資料、教育、協調與政府的干預。他主張，我們若關切未來的發展，就必須用心保護與保育。瀕死的經驗讓他更殷切關注經濟效率與預防浪費。經濟思想史學家沛利．梅林（Perry Mehrling）指出，費雪受到與亞當．史密斯同時代的約翰．雷伊（John Rae）影響，將包括利潤、房租、工資在內的

2 編注：德萊昂，Juan Ponce de León，1474-1521，文藝復興時期的西班牙探險家，爲了尋找傳說中的青春之泉，意外到達今日的美國佛羅里達。

「利息」，定義爲是機器、土地及人力資本在過去所累積的一連串服務所產生的價值。依據梅林的觀察，費雪的所有改革，從延長壽命到預防不景氣與戰爭，都是朝增加當前國家財富的方向努力。

今天的經濟學家談的是有限理性（bounded rationality）、外部性（externalities）、市場失靈（market failures），費雪談的是無知與缺乏自制力。費雪更激進的主張是，即使個人的行爲表現完全理性，總合的效果也可能降低集體福祉。「有一種觀念認爲，大眾在未經干預的情況下，總會追求自己的最佳利益。這是錯的。不僅如此，即使世人的確不斷追求自己的最佳利益，也未必對社會最有利。」他解釋，有一種特別的無知是視現況爲正常狀況。他認爲人類的壽命還能再延長一倍，生產力也是如此。費雪最有趣的見解是認爲腦子會欺騙我們，他稱之爲「貨幣錯覺」（money illusion）。他認爲通貨膨脹與通貨緊縮這些整體價格的改變都是不好的，會誤導人做出不智的判斷。在經濟層次上，貨幣錯覺代表企業與消費者都得花很長的時間去適應價格與利率的改變。

費雪體認到智人並不等於經濟人，亦即超理性的計算機器。他由此得出兩點結論，第一，實施義務教育有其道理。第二，規範個人的行爲更有道理——不論是透過廉價公寓的防火規定或禁止賭博、飲酒、吸毒。「我們並不認爲無知的父母可用自己的觀念教育子女；因此，童工問題不像過去以爲的只和個人有關，事實上，這個問題對整體社會都有既重要且深遠的影響。」

費雪比馬歇爾更進一步指出競爭模型的侷限。他在這點上預示了二次大戰後經濟理論的整體發展趨勢。「即使當政府的干預不可行或不可取，還是會有好理由可透過某階級對另一階級的影響，試著去改善情況，社會的騷動不安也會隨之出現。」

即使每個人都完全理性，追求自利也未必能促成對社會有利的結果。「個人的行爲永遠無法產生公園、甚或任何有用的街道系統」。因此，費雪反對史賓塞主張的將貨幣供給民營化，或是「另一項更驚人的建議：政府的警察體系也應民營化，警察應該只是自願的保安委員會，類似舊式的消防公司；這些公司之間的競爭會比現在的政府警察提供更佳的服務。」

費雪大病之後的創造力異常勃發。他在五、六年內提出自己因病被迫放逐的期間醞釀的諸多想法，他在養病期間開始擁抱印度哲學與冥想。

昨晚落日時分，我像印度人一樣坐在屋外，什麼都不想，純粹**感覺**宇宙的寧靜與力量……三年多的沮喪、恐懼、擔憂的潛意識印記雖然仍然留在我心內，但已埋藏入土。我希望是永遠長埋土中。唯仰賴辛勤工作與練習自我暗示，才可能將這憂鬱的惡魔壓制下去。我得承認，我在第一年之後的主要問題是恐懼……一個人樂觀與否無關發生何種不幸，或是對未來抱持何種期待。一個人可能相信這不是個快樂的世界，地球會變得更寒冷死寂，自己會遭逢苦痛、失去朋友、榮譽、財富，但仍是一個樂觀主義者。

一九〇七年是金融市場不安的一年。費雪急著完成新書《論利率》（*The Rate of Interest*），他將副標題訂為「其性質、決定因素及與經濟現象的關係」（Its Nature, Determination and Relation to Economic Phenomena）。

他首次明白地以缺乏遠見來解釋他的理論：投機時期與蕭條時期是預期能力不平等的結果。「恐慌通常是未能預見某些情況的結果，其中一種情況是融資缺乏，而這又導因自未能預見其他的情況。」

梅林解釋，如果通膨或通縮能被正確預見，貨幣市場的利率便會立刻完美地調整。如果放款人預期整體物價會上升，便會要求借款人負擔相對較高的利率；放款人若預期整體物價會下跌，則會願意接受相對較低的利率。同樣的道理，如果借款人預期高通膨，他會知道，負擔名目上較高的利率不會影響實質報酬率；如果借款人預期通縮，他會知道只能負擔較低的名目利率。簡而言之，如果預期正確，物價改變對實質產出或就業不會有影響。當然，問題是這種完美的遠見不可能存在：「正因他們無法或正確地預期通縮，將導致借款人無預期的損失，放款人無預期的獲利。」

費雪原本認爲貨幣價值的改變對實質經濟活動影響甚微，他在此時改變立場，認定利率畢竟無法順暢或完美調整，以彌補美元購買力的變化；因此，爲維持公平透明的貨幣體系，穩定的物價有其必要：

複本位制論者有部分的論點是對的：一八七五年至九五年這物價下跌的二十年間，放款人是獲利的一群。之後十年的情況恰好相反，但我們不應錯誤地假定，借款人階級在這十年的獲利足以彌補先前二十年的損失；因爲社會階級的成員改變極快速。我們也不應假定負債階級就是窮人。**今天的典型借款人是股東，典型的放款人是債券持有人**。

依照當時採行的貨幣本位制，美元係釘住黃金的**重量**，而非黃金的**價值**或購買力，這便會造成黃金在國內的購買力必然將隨貨幣供需而起伏。多數人，其中甚至包括最精明的投資人與商人，皆視美元爲價值的標準，卻發現很難或根本無法追蹤、預期價值的變化。通膨與通縮都是有害的，因爲投資人、消費者與商人無法準確預期這些變化，甚或精準評量當下或不久前的變化幅度。根據不完善的預期所做的決定必然會導致不完善的投資決策，從整體經濟的觀點來看，也就會造成某些領域過度投資，某些領域投資不足：「這是魯莽的浪費，未來必然會出現以商業危機形式顯現的報應日。」

請試想這六十年間發生的事。首先，狄更斯、梅修、馬克思描述出一個讓人類注定難逃貧窮的物質條件變得不再那麼固定、較能被形塑的世界。一八四八年，馬克思指出，競爭促使企業以同樣的資源生產出更多的東西，但還沒有方法可將產量的增加轉化至提高工資與生活水準。

到一八八〇年代，馬歇爾發現有一套巧妙的競爭機制能鼓勵企業家持續、漸進地提高生產力，成果會隨時間累積，同時也促使他們將成果透過提高工資或降低價格分享出去，這個過程同樣是隨時間慢慢顯現。既然生產力能決定工資與生活水準，人們便可透過提高生產力，改善個人或集體的物質條件。

碧翠絲創造了**福利國**以及她自己的社會調查者志業。社會學家米爾認為福利國終究會吸走全部的稅收；馬克思強調，如此主張的國家是推理錯誤所導致的結論。但碧翠絲證明赤貧是可避免的，透過提供教育、衛生、食物、醫療及其他非金錢的協助，可提高民間部門的生產力與工資，而且增加的幅度會超過課稅所減去的部分。換句話說，若能幫助窮人識字、改善營養、減少疾病，更可能提高而非拖垮經濟成長。

費雪率先體認到貨幣對實質經濟有多大的影響，並主張政府可透過改善貨幣管理以穩定經濟。他為看似相反的通膨與通縮問題找出單一的共同病因，確認政府可運用控制貨幣這項潛在的工具，調節、甚或避免通膨繁榮或通縮蕭條。

第五章　創造性毀滅——熊彼德和經濟演化

原本應該要花幾世紀的歷史發展卻壓縮在二、三十年間完成。

——羅莎・盧森堡（Rosa Luxemburg），《資本的累積》（*The Accumulation of Capital*），一九一三年

一九〇七年十一月四日，紐約的尼克伯克信託公司（Knickerbocker Trust Company）發生擠兌，消息傳出，引發大批的民眾湧入倫敦證交所。驚恐的投資人爲了安全起見，紛紛搶購金塊，讓英格蘭銀行不堪負荷。爲因應黃金儲備即將大量外流的威脅，銀行遂提高隔夜拆款利率。在這樣的恐慌氣氛中，熊彼德（Joseph Alois Schumpeter）和已過適婚年齡的葛蕾蒂絲・里卡—席佛（Gladys Ricarde-Seaver），低調地在派丁頓車站附近的戶籍登記處共結連理。當貼現率在四十年來首次達到百分之七時，這對新婚夫婦已前往埃及開羅。

熊彼德在二十四歲時已有不少人生歷練，他生在現今捷克境內一個小小的工業鎮，父親是第三代的紡織廠老闆，在三十一歲時意外因狩獵事故早逝，熊彼德的母親喬安娜從此成爲他生命中最重要的人。喬安娜決心要竭盡所能確保四歲的兒子擁有光明的未來。爲了兒子，她設法搬到奧地利宜人的大學城格拉茲市（Graz）。當寶貝兒子十一歲時，她再嫁年長三十歲的退休將軍，說服丈夫舉家遷至維也納環城大道外的豪華公寓。

由於繼父有貴族階級的人脈，熊彼德得以進入專供貴族之子就讀的古老學校。他在德瑞莎學校（Theresianum）除了學習劍術與騎馬，還學會五種古典與現代語言，培養無價的社會關係，以及誇張的禮儀、雜濫的習慣和貴族的奢華品味。接受這種菁英教育卻也要付出情緒的代價，熊彼德一方面是個努力往上爬的年輕人，另外一方面則是孤獨、用功、認眞閱讀哲學與社會學書籍的學者。在這所學校，「有點笨」是貴族血統的表徵，熊彼德的聰明與中產階級極度認眞的工作態度只會減損他的新貴地位。他長得瘦小黝黑，額頭奇高，眼睛銳利微突，奇特的外貌引發旁人暗地嘲弄他可能來自「東方」，暗指他的猶太身分。他以優越的騎術、劍術與無礙的辯才彌補外貌的不足，學會以厭倦享樂、諷刺、厭世的態度隱藏內心的焦慮。

到一九〇一年，十八歲的熊彼德以優異成績自德瑞莎中學畢業，成功進入維也納大學；他與母親希望能快速爬升到維也納社會最高的層級，這算是跨出了第一步。的確，維也納的「第一級社會」基本上侷限於國王與宮廷，但若能取得大學教職或閣員職位便可跨入「第二級社會」；在第二級社會裡，聰明、有才能者可結交貴族富豪。熊彼德就讀法學院一年級時，已想像自己會成爲奧匈帝國境內最年輕的大學教授，以及國王最倚重的經濟顧問。

「美好年代」（Belle époque）的維也納常被史家描寫成頹廢、自負、僵化的社會。[1] 相較於英國、法國、德國，奧匈帝國是無可救藥的落後國家。匈牙利社會學家賈希（Oszkár Jászi）稱奧匈帝國「從經濟的角度來看是個戰敗國」。美國文化史學家休斯克（Carl Schorske）則形容布爾喬亞對政治的態度消極。奧地利政治經濟學家史崔斯勒（Erich Streissler）惋惜維也納太缺乏企業精神；如語言哲學家維根斯坦（Ludwig Wittgenstein）和作家卡夫卡（Franz Kafka）這樣的商人之子偏好鑽研藝術而非投入工業。約瑟夫・羅斯（Joseph Roth）在一九三二年寫下一本關於哈布斯堡王朝衰亡的小說《拉德斯基進行曲》（*The Radetzky March*）；書中的維也納貴族喬基尼基伯爵（Count Chojnicki）認爲，奧匈帝國之所以看似奄奄一息，是因爲「這是電氣時代，不是煉金術的時代」。他指著耀眼生輝的電氣吊燈，大呼：「約瑟夫一世的城堡裡還在點蠟燭！」

事實上，維也納對現代化很著迷。早在一八八三年，便有數以萬計的遊客搭著電車快速前往普拉特（Prater）這座多瑙河畔的大型「人民公園」，見識一場全世界規模最大的光電展示會——國際電氣展（International Electricity Exhibition）。該展總計有六百個廠商參展，包括美國的西屋與奇異、德國的AEG、瑞典的易利信（Ericsson），共展示十五個蓄電池、五十二個鍋爐、六十五個馬達、一百五十具發電機。在「電話音樂室」裡，訪客「不必移步就能聽到歌劇音樂和演唱」。在另一項展示裡則可聽到布達佩斯新聞社爲電話訂戶播送的最新消息。比較大膽的人還能搭乘圍著玻璃的水力電梯，快速升到二百呎高的圓形大廳頂，見識二十五萬燭光的光輝燦爛。在開幕典禮上，奧匈帝國王儲魯道夫（Crown Prince Rudolf）驕傲地談到要讓「一片光海」從維也納「閃耀」到世界各地。

在電氣化的競賽裡，維也納其實勝過倫敦。維也納的電話設施始於一八八一年，一八九七年電車取代了馬車，到一九〇六年歌劇《電工》（*Die Elektriker*）開演時，維也納的十個內城區全都有電力了。「電氣文化」成了維也納企業家的口號，每個家庭主婦都夢想能裝配電氣，讓廚房煤煙和臭氣不再。工廠老闆想要配設電燈和電力機械的最先進廠房，佛洛依德（Sigmund Freud）及其他醫生迫切地想讓患者嘗試電擊治療。維根斯坦的祖母開著新的電氣汽車，帶著六歲的親戚海耶克（Friedrich von Hayek）去兜風。

約瑟夫國王確實對電梯和電燈不屑一顧，但他的兒子魯道夫王儲是現代工業的堅定支持者。奧地利擁有全歐密度排名第四的商業與製造業，生產鋼鐵、紡織、紙業、化學製品和汽車。周圍的廣大腹地提供食物、燃料和原料給維也納這個歐洲新都會區，維也納則是行政、貿易和金融中心。一八七〇年代末到一八八〇年代中期的經濟繁榮創造了糖、紡織業與鐵路的興盛；到一八八〇年代末，電氣化則已取代鐵路成了新投資的主要

---

1 譯注：美好年代在歐洲社會史上指十九世紀末至第一次世界大戰爆發之前的時間。

標的。

維也納的建築不只反映國王的夢想、也反映出布爾喬亞心中的夢。環城大道是一條環繞內城的寬廣林蔭大道，旁有新古典議會建築和巴洛克歌劇院，中間點綴著「貴族大道」的豪宅，反映出時代驚人的進步速度。吸引暴發戶、新貴、追求飛黃騰達者的不是別墅，而是豪華的出租公寓。維也納的特色是中產階級、多種族、文化上明確屬於單一德國文化，遂成爲奧匈帝國其他地區逃難者的首選目的地——尤其是在一八六七年內閣裡的自由派主張解放猶太人與經濟現代化之後更是如此。許多新移民成爲小販或小商家，他們的兒子多半進入法律、醫學等無需讀過菁英預校的專業，或是不需大學文憑的金融、新聞、藝術領域。猶太人在法律、醫學、金融、新聞、藝術領域的人數優勢引起社會不滿，特別是在經濟情勢不佳之際。正如一位史學家所說的：「隨著股市下跌，反猶太主義的勢力日益升高。」

經濟數據與經濟衰微的刻板印象相互衝突。以一八七〇年到一九一三年之間來看，經濟成長速度不僅是先前四十年的三倍，隨著人口大幅增長，實質每人所得也增加了一倍。的確，維也納和維多利亞時期的倫敦一樣，也有長期的住房、下水道、乾淨飲水、鋪設街道不足等問題。但經濟史學家古德（David Good）提出「強大的」證據顯示，「奧匈帝國的問題並不是經濟衰微，而是經濟太過繁榮」。

到了一九〇一年，熊彼德開始在維也納大學攻讀法律，該校已成爲歐洲數學、醫學、心理學、物理學、哲學與經濟學界最重要的研究中心之一。德國的經濟學由柏林大學的施穆勒（Gustav Schmoller）領導的「歷史學派」主導，這一派鄙視抽象、崇尚德意志帝國；另一方面門格爾則是將維也納建造成爲在意識形態與智識上都可與柏林相抗衡的重鎮，也是理論經濟學的歐陸領導者。

當時法律占有較崇高的地位，這表示在通行德語的大學接受的教育比在英美的大學更爲開明。除了教會法與羅馬法，熊彼德也修習歷史、哲學與經濟。熊彼德很快便決定自己對經濟學，尤其是理論經濟學，比對法律更感興趣。門格爾此時已年老力衰，無法講課，但他在早前與歷史學派開打的知識論戰，這時便改由博姆—巴維克（Eugen von Böhm-Bawerk）和維塞爾（Friedrich von Wieser）這兩位優秀的門徒領導。熊彼德去參加他們的研討會，表現得比像是米塞斯（Ludwig von Mises）在內的自由派前輩更加出色。熊彼德「冷靜、科學的超然立場」和「戲謔的」態度也和歐洲兩位知名的馬克思主義者奧圖．鮑爾（Otto Bauer）與魯道夫．希孚亭（Rudolf Hilferding）大不相同。大學生涯的最後一年，二十二歲的熊彼德已在博姆—巴維克的統計月刊裡發表過三篇文章。到了一九〇六年初，熊彼德取得法學博士學位，自認堅定支持現代經濟理論；柏林當時也稱之爲「英國經濟學」，雖然那是由知名的奧地利、法國、美國學者共同建立的。他畢業後首度發表的文章是一篇引起爭論的長文：〈理論經濟學裡的數學方法〉（On the Mathematical Method in Theoretical Economics）。

熊彼德宣告他的「色彩」之後，便展開當時德語世界大學畢業生最愛的知識「壯遊」。他心中懷著未說出來的抱負，想調和經濟思想的對立派別，也許最後還能進入歐陸最重要的大學。他在那年春天先去了柏林大學，藉機認識德國歷史學派的主要代表人物。到夏天，他在巴黎待了數週，去聽數學家龐加萊的物理課。熊彼德的最終目的地是他所欣賞的英國，他認爲英國是「資本主義文明的典範」，英國的經濟學家他皆已徹底研究過了。

熊彼德在初秋時分抵達倫敦，開始過起在讀書時學會的奇怪的雙重生活。對外他是一個愛交際、有些浮誇、愛享樂的歐陸貴族。他發現英國人的禮儀、習俗、制度與他的脾性「完全相投」，樂於模仿倫敦時尚圈那一套行爲模式。他在海德公園附近的王子廣場租了一間公寓；在薩佛街（Savile Row）訂製西裝；擁有自己的狩獵馬匹，每天到練馬道騎馬；晚上看戲劇，聚餐，週末參加鄉下的居家派對。

熊彼德還有同樣高雅的另一面，他醒著的時間都花在這兩處：一是倫敦政經學院那樸實、刻意平民化的校區，一是大英博物館天花板極高的安靜閱覽室，熊彼德還特別選定肥胖邋遢的馬克思撰寫《資本論》時所坐的位子。他相信眞正有創意的思想家在三十歲前就會想出最高明的觀念，一心想盡快達到計畫中的學術事業第一階段，二十四歲的熊彼德拼命想趕上自訂的期限。

在離開維也納之前，他已約略擬定要寫的兩本書。第一本要介紹「英國」或理論經濟學，提供給懷有敵意、資訊不足的德國讀者。第二本要努力做出劃時代的貢獻，他自信可據以改革經濟學理論。就像同時代的多數知識分子，熊彼德對達爾文天擇論的社會意義很感興趣。他想到，不斷改變是現代社會的特徵，經濟理論卻忽略了讓經濟變得更具生產力、更專門化、複雜化的過程，這不是很諷刺嗎？經濟演化難以定義，就像普魯斯特在《追憶逝水年華》第一卷《斯萬家之路》（*Swann's Way*）裡提到的，「某些自然的過程……是如此漸進……即使我們能接續分辨出每一個不同的狀態，還是無法眞正意識到改變。」經濟學家姑且假定經濟會年復一年自我複製，只是規模會隨著時間變得稍大一些，但其他各方面基本上並未改變。的確，如果經濟學家要分析某一經濟變數的小改變如何影響其他所有的變數，「靜態」的理論確可完美切合現實。但若是要探討巨大的改變，或延續的時間長到難以忽略科技、勞動力或制度的結構性改變，那麼現有的理論便不太適用，甚至完全派不上用場。就這一點來看，經濟史也好不到哪裡去，這一點恰與德國經濟學家的看法相反。科學與歷史不同，科學是普遍性的，歷史探討曾發生的事，科學則是探討在特定情況下會發生或不會發生的事，是故科學能成爲掌控的工具。經濟學若要成爲一門科學，也必須是普遍性的。

這時候需要的是經濟發展的一套理論，甫自大學畢業的熊彼德志在創造這套理論。他的抱負是以動態的經濟理論取代靜態的，就像達爾文以演化生物學取代傳統生物學。多年後，他觀察發現，他的觀念「與馬克思的完全相同」，後者也是「視經濟演化爲經濟體系本身產生的獨特過程」。

熊彼德至少曾一度搭火車到劍橋尋求馬歇爾的意見。馬歇爾當時年屆六十五，健康情況不佳，而且先前曾與時任殖民地大臣的約瑟夫．張伯倫爲英國的自由貿易政策起過衝突，還在恢復元氣，正考慮辭去劍橋教職。但他還是招待這位輕率的年輕人在貝立奧莊共進早餐，寬容地聽他敘述建構經濟演化論的計畫。

熊彼德很清楚，這樣的理論是馬歇爾未竟的夢想之一。馬歇爾雖借助物理學的工具分析個別市場的供需，但他一向堅持經濟現象趨近生物過程的程度更甚於機械，並批評早期的經濟學家不應假定制度、科技與人類的行爲是固定的。事實上，馬歇爾在最新版《經濟學原理》的引言裡便指出，「經濟學家的聖地在經濟生物學。」但馬歇爾並未發展出熊彼德所研擬的經濟發展理論便停住了。在那一小時的談話裡，馬歇爾這位英國的經濟學祭司顯然表達了某種懷疑，因爲熊彼德在離去時告訴馬歇爾，這次對話讓他自己看似是「想冒險投入婚姻的魯莽情人，你則是試圖勸阻我的善意父執輩」。馬歇爾和藹可親地回答：「事實正應如此。如果真行得通，父執輩再怎麼勸說也是枉然。」

也許熊彼德暗示他要展開較屬個人層次的冒險。當時他正與一位年長十二歲的女子戀愛，葛蕾蒂絲是英國人，上層階級，「美得讓人驚豔」，父親是「聖公會高階幹部」，在鄰近哈洛區的聖彼得教堂遮蔽下的寬敞別墅中長大。傳記作家對葛蕾蒂絲包括年齡在內的其他資料鮮有共識，公開紀錄強烈顯示她是韋伯所謂的「亮麗的老小姐」，過著「英國博物館式的生活」。三十六歲的她不曾結婚，可能是在倫敦政經學院認識熊彼德的，該校特別適合像她這樣對女性主義、社會改革、流行的費邊社優生學主張有興趣的女子。兩人結婚的決定很倉促，雙方似乎都未期待得到父母贊同，甚至可能沒有事先告知。葛蕾蒂絲的兄弟是唯一參加在皮卡迪利街舉行的結婚儀式的人。熊彼德會衝動結婚，可能和他熱愛英國以及嚮往貴族聯姻有關，但奉子成婚可能也是理由。熊彼德後來曾向朋友暗示，葛蕾蒂絲利用了他的年輕天真。一九三三年葛蕾蒂絲去世，她將當時價值不少的產業贈與一個控制生育的機構。

熊彼德打破在三十歲這「神聖的十年」結束前不婚的個人規則，不得不面對如何養活自己的問題。熊彼德過世後被人發現在他的遺作紙頁間有一段小說，描述一位奧地利貴族娶了「一個家世很好、但沒有錢的英國女子」，顯示葛蕾蒂絲的收入至少在當時還不足以養活兩人。要在奧地利謀得教授職必然既辛苦又不確定，熊彼德曾短暫考慮過在英國當律師，但那也得花上好幾年的時間。

在那個年代，有進取心的年輕人若是有豪奢的品味、收入不豐，又有妻子要養，通常會到東方發展。也可能是葛蕾蒂絲向他建議，對一個受過法學訓練但沒有經驗的人，在開羅的賺錢機會應該優於倫敦或維也納。在熊彼德未完成的小說裡，那位英國女子「爲了愛人，毅然運用她擁有的良好人脈」。葛蕾蒂絲的娘家確實有一些親戚經營從北美到北非之間的大事業，例如她有一位舅舅是英國商人羅德斯（Cecil Rhodes）的親近夥伴；羅德斯計畫建造從「開普敦到開羅」的跨陸鐵路，這位舅舅正是第一位表示支持的知名鐵路工程師。

不管最後結論如何決定，這對新婚夫婦婚後很快便隨著避冬的燕子南下埃及。

旅行讓愛德華時代的人看清改變的潮流正撼動全世界。在快速縮小的地球，就連埃及這樣的古文明都難以倖免。對一個一向以爲經濟發展是歐洲現象的人來說，埃及經驗必然會讓他開始質疑經濟成長是否有其侷限——這裡所說的侷限主要不是指成長的限度，而是質疑是否只有**某些地方**才可能有經濟成長。美國經濟思想史學家羅斯托（W. W. Rostow）有欠公允地批評熊彼德是「來自進步工業社會的偏狹經濟學家」，但熊彼德若沒到過埃及，可能眞會變成如此。

我們現在或許很難想像，但埃及確實等於二十世紀之交的中國。一八五九年，小說家特洛勒普曾因郵政業務前往開羅，他在回國途中撰寫的《柏椿一家》（*The Bertrams*）裡淡淡地評論：

> 男與女，或者應該說紳士與淑女，很久以前若是出現了胸部虛弱的跡象，會被人送往英格蘭西南的德文郡（Devonshire）南部；之後一度流行送往非洲西海岸外的馬德拉（Madeira）；但現在全部都被送去開羅了。開羅變得離國內太近，恐怕很快也會沒有助益之效。

一七九八年，拿破崙一世屠殺馬木魯克兵（Mamluks），開啓了西方對埃及的征服之舉。但埃及會從鄂圖曼帝國的一省變成英國的屬地，主要得力於十九世紀後半的企業家、銀行家與律師。

美國的內戰及因此導致的棉荒讓開羅成了一座尼羅河上的淘金城。埃及的統治者伊斯梅爾總督（Ismail Pasha）把握住機會，將全埃及變成龐大的國有棉花種植場。隨著英國與印度的貿易日增，他也認爲有利可圖，因而決定建造蘇伊士運河。主要以貸款形式的大量外國資金流入了埃及。對波蘭革命家羅莎·盧森堡而言，埃及是現代資本主義「瘋狂本質」的縮影：

貸款一筆緊接著一筆，用新貸款償還舊貸款的利息。以英法的產業資本下大訂單，再向英法貸借資金支付。正當全歐洲爲伊斯梅爾的瘋狂經濟嘆息無奈之際，歐洲的資金事實上正以獨特驚人的規模和埃及做起生意——就像聖經提到肥壯母牛的傳奇現代版，這在資本主義的歷史上可謂空前絕後。

伊斯梅爾爲了完成蘇伊士運河和其他大計畫而債台高築，最後當然是難以爲繼。不過六年的時間，這位總督便破產了，被迫售出運河的百分之四十四股權，政府基本上等於被接管。有些史學家推斷，如果伊斯梅爾投資更加謹愼，避免負債，二十世紀的埃及或許會是另一個較小的日本。

埃及在一八八三年開始進入英國實質統治期，艾夫林·貝靈（Evelyn Baring）這位第一任克羅默伯爵（Earl of Cromer）成了埃及總督背後的掌權者；他出身金融世家，也是當時最具權勢的帝國主義者之一。貝靈的首要之務是恢復埃及的償債能力，他讓英國官員帶領埃及官僚，支付利息，平衡預算，將餘款花在灌溉與基礎建設。一九〇四年英法兩國達成協議，無限期延長英國在埃及的統治，隨即引發另一波更驚人的投資熱潮。埃及不比荷蘭大上多少，吸引的英國投資資金卻足以和印度相比。不過三年，埃及股票的名目價值成長了五倍，開立的公司超過一百五十家，總資金達四千三百萬英鎊。埃及銀行的董事雷斯摩爵士（Lord Rathmore）形容投資人陷入投機狂熱：「大家似乎都瘋了；我不知道還能用什麼字眼形容；他們似乎以爲，新成立的每家公司還沒營運就能增值一倍。」

但當時湧入的外國資金確實正改變埃及的封建經濟。史學家尼爾・弗格森（Niall Ferguson）指出，舊帝國會索取貢金，現代帝國則是注入資金與帶動成長。一九〇〇年，埃及的製造業包括兩家鹽廠、兩家紡織廠、兩家啤酒廠和一家菸廠。當時最重要的產業是製糖，雇用員工兩萬人。到一九〇七年，全新的產業如軋棉、棉花籽油及製皀共雇用三十八萬人。勞工的工資隨著棉價而調漲，繼承父親擔任總督的哈珊卡莫爾蘇丹（Sultan Hussein Kamel）很驚訝，埃及人這麼快就學會歐洲的文化：「我在我們的工廠裡見過埃及人操作最精密的機器。」

外國移民以及已定居該地數百年的猶太人、哥普特人（Copts）、希臘人——這些在埃及的外國人讓埃及變成「幾乎是世界上最國際化的國家」。淘金者、銀行家、仲介、企業家都湧入開羅，投資觀光、鐵路、金融、糖業，當然還有棉花。湯瑪士・庫克的通濟隆公司（Thomas Cook and Son）馴服了尼羅河，爲英國觀光客提供「漂盪在非洲河流上的一點寧靜」。約翰艾爾公司（John Aird & Company）於一九〇二年建成亞斯文水壩，羅德斯推廣他的跨非洲鐵路大夢。並不是所有的創業活動都是爲了獲利。摩根是公認的「埃及迷」，出資贊助尼羅河的考古挖掘活動，和他一樣的美國富翁還有好幾位，其中包括標準石油創辦人洛克菲勒（John D. Rockefeller）。

埃及成了新帝國主義的楷模。貝靈退休後在倫敦對自由黨的一個社團講話，驕傲地說：「就我所知，像埃及這樣突然從困苦貧窮躍升至富裕與物質繁榮的例子，史上絕無僅有。」貝靈外號是「傲慢貝靈」，當然是個自利的推銷者。但就連羅莎·盧森堡這麼嚴厲批評英國帝國主義的人也反駁他。

三度代表民主黨競選美國總統的威廉·詹寧斯·布萊恩一九〇六年從印度回國，途經開羅，第一眼的印象是該地現代化到讓人不安，甚至失望。他看不到傾頹的石牆和「如詩如畫的東方風情」，只見明亮的燈光、電車、汽車、艾菲爾（Alexandre-Gustave Eiffel）設計的水力橋梁、瓶裝水，以及多如回教寺院尖塔的高樓。若想買瓶冰麥酒或《每日郵報》，方便的程度和在紐約或倫敦沒兩樣。商業區有高聳的玻璃與鑄鐵建成的百貨公司，王宮般的豪華飯店、許多銀行、電話電報公司，這些讓開羅看起來就和歐洲的城市沒有不同。美好年代色彩柔和的公寓大樓、寬敞的林蔭大道和戶外咖啡廳讓布萊恩想起了巴黎。

熊彼德夫婦這對有錢的新婚夫妻特別喜歡乘船遊尼羅河，但熊彼德到開羅並不是爲了和妻子牽手在通濟隆公司的遊輪甲板上散步，他心裡有更重要的事。他們搭火車到法國馬賽，乘船到亞歷山卓城（Alexandria），再換火車到開羅，全球金融危機的消息也一路追隨。每個發生股市崩盤的首都都出現一波波擠兌與破產潮，只是稱呼可能不同。許多商人以爲本地的問題最嚴重，而其成因主要是地區性的。事實上，在紐約大恐慌前後，有五、六個國家都出現同樣的症狀。連結全球的環鍊正一節節爆裂開來。

開羅的問題始於福克斯合夥公司（Sir Douglas Fox & Partners），羅德斯的跨洲鐵路的第一段就是由這家英國建設公司建造的；他們想取得許可，建造「基奧普斯法老（Cheops）金字塔從底部到頂端的纜車道」。經濟史學家諾伊斯（Alexander Noyes）寫道，也許地底的神祇發怒了，或者投資人認爲這個建案表示投機已變得極度瘋狂。總之，埃及的股市大跌。經紀人與商人都認爲跌勢不過是暫時的。不到一個月，有人舉辦花俏的化妝舞會，吸引了大批「嬉鬧尋歡、各式妝扮的群眾」，舞池擠到無法跳舞。但到了四月，股市二度崩跌，而且這次更是一路狂瀉。《經濟學人》從倫敦報導：

> 一大堆的股票等待出售，但市場對有價證券早已厭倦，任何股票只要售出六十股就會讓股價下跌數點。一度連買股票的人都遭遇困難。大家都知道有些小券商搖搖欲墜，

當危機最嚴重時，其中一家甚至暫停付款。

這次，全面性的恐慌爆發了。短短幾週內，開羅證交所上市公司近四分之一的市值煙消雲散。這非常直接地衝擊了房地產的榮景，用借貸而來的金錢建出的「價值不健全的高梯」終究坍塌了。五月份，謠傳有數家銀行經營困難，引發擠兌。《紐約時報》記者悲觀地報導：「自從亞斯文水壩建成後，埃及非政府部門的利益總共縮減了十億美元。」套用英國一位資深外交官的話，當時埃及的政治情勢突然變得「糟糕透頂」，民族主義者的騷動「極度嚴重」，更讓情況雪上加霜。

貝靈和其他英國官員試著盡量美化情勢，他們一再重述傳統的說詞：不景氣之於經濟，等於是暴飲暴食之後的禁食，堅稱「危機發展到最後，必然對埃及和埃及的金融有極大益處，因爲會清除掉金融動脈裡許多有害的阻塞物」。但當信用完全枯竭時，英格蘭銀行被迫「立即運送三百萬美元的黃金」。埃及一位領導人物表達了類似的感嘆：「我們的做法超乎自己的財力，運用的是別人的資金。」

但埃及的崩盤是全球現象的一部分，正如開羅是一整串鍊子裡的一節；這條鍊子從舊金山連接到聖地牙哥，從倫敦到孟買，從紐約、漢堡連接到東京。這條鍊子不只是以船舶、鐵路、電報電纜串連而成，還有紙鈔、本票、匯款和黃金；開羅人眼中獨一無二的國內榮景事實上幾乎是全球普遍現象。倫敦一位銀行家在事後觀察指出：「從一九〇五年中開始，全世界的資金供應與信用貸款皆開始緊縮，接下來兩年惡化的速度驚人；早在一九〇七年十月之前，許多相距遙遠的市場都有深謀遠慮的人憂心忡忡地討論不知結果將會如何。」引發連鎖反應的事件發生在世界另一端。一九〇六年的舊金山大地震和大火除了將城市夷爲平地，也導致倫敦的保險公司面臨巨額賠償。保險公司被迫出售英鎊買進美元理賠，英鎊相對金價開始下跌。爲遏阻黃金外流，英格蘭銀行於一九〇六年十月將貼現率提高到百分之六。結果就是借款人信用緊縮。

在金本位制之下，當英國打噴嚏時，美國便會感冒。一九〇七年三月，美國股市大跌，五月，經濟活動開始減少。經濟衰退讓最後、也是最嚴重的金融恐慌有機會發生，亦即一九〇七年的大恐慌，這次的重災區是紐約的信託公司。大恐慌引發的信用凍結迫使美國數千家銀行和企業破產。嚴重的經濟衰退持續了一年多，直到一九一〇年才眞正恢復元氣。英國與歐陸的衰退期不僅更深，時間也更久。在開羅，一九〇七年的大恐慌只是一個頓號。

離開派丁頓車站一週後，熊彼德和新婚妻子坐在知名的謝菲爾德飯店典雅的陽台，俯瞰熱鬧的街道，揮著蠅拍，凝聽「導遊與商販提出上百種不同的建議」。邊喝著飲料邊感受「開羅特殊的殖民地氣氛」。年輕俊美的兩人與當地國際都會的環境非常融合，倫敦《旅人雜誌》如此描述開羅：「美國人、英國人、德國人、俄國人混雜日本人、印度人、澳洲人、南非人，衣著光鮮漂亮的富人——我們所謂的『文明』。」

股市與房地產崩跌留下一大堆民事訴訟案件。熊彼德進入一家義大利律師事務所工作，很快就代表歐洲商人到奧圖曼統治遺緒的埃及特殊「混合法院」出庭。法院俯視阿塔巴艾卡德拉廣場（Ataba-el-Khadra），所有的電車都在此處匯集。這個開羅最熱鬧的廣場充滿「小販嘈雜的叫賣聲、提水人的小銅盤碰撞聲、汽車喇叭和電車鈴聲……加上男女激烈爭執聲而更加喧鬧」。

熊彼德的法律業務獲利頗佳，但並不需要投入全部的時間。離開法庭後，他沒有直接去鄉村俱樂部，倒是常常躲進他最愛的咖啡廳，因爲開羅就像維也納一樣，是個咖啡廳之城。這個男性專屬的休閒之處同時提供下棋、辦公、文學沙龍的功能，而且愈來愈像伊斯蘭基本教義派與反帝國主義陰謀者的總部。熊彼德喝著土耳其咖啡，像在維也納一樣抽著輪傳的水菸管，手中握筆在紙上飛快移動，快速且有效率地寫著稿。

這位二十四歲的作家寫道：「德國的經濟學未能眞正闡釋何謂『純粹』的經濟學。」熊彼德寫這本書是希望評論家，尤其是德國的經濟學家，「能了解而不是鬥爭；學習而不批評；分析並找出眞相……而不只是接受或不接受」經濟理論，同時駁斥德國大學流行、認為「英國」或理論經濟學是瀕死學科的觀點。的確，「經濟學就像機械學一樣，提供的是靜態的系統，不像生物學是敘說演化的過程」。經濟學無法幫助我們了解何種動態過程先改變了英國，接著是法國、德國、奧匈帝國以及現在的埃及。但這個經濟理論的缺失正代表我們應建構一套新的動態理論，而不是捨棄理論經濟學。

熊彼德這本書的最後一篇探討經濟學的未來，提出兩個問題：我們是否能證明**經濟發展**的存在——意指經濟成長可溯及**經濟因素**，而非人口、政治或其他外在因素？我們是否可假定現有的社會制度，如資本主義與民主，皆可持續下去，依據此一假設擬定一套可信的經濟演化論述？熊彼德假定兩者的答案皆為肯定。

一九〇八年三月初，熊彼德才剛將六百頁稿子寄給德國的出版商，熱風便從南方開始吹來。他染上馬爾他熱（Malta fever），這種細菌感染會讓人身體衰弱，而且常會致命。無所不在的灰塵、火爐般的酷熱、染病的威脅讓熊彼德相信，這時是該回倫敦的時候了。他到開羅的兩個目的已經完成，除了寫完第一本書，現在的他即使稱不上富有，至少手頭還算寬裕。他的法律業務蒸蒸日上，而且運氣不錯，成功地討好總督的女兒，成為她的投資經理。熊彼德事後回憶，他成功地幫助她將產業租金收入增加一倍，監督一家糖廠的重整過程，賺了不少錢。一九〇八年十月，他回到倫敦，在連襟家休養，計畫返回維也納。

翌年二月熊彼德的健康已經恢復得差不多，能在維也納大學發表《經濟理論的性質與精髓》（*The Nature and Essence of Economic Theory*）的演講，希望取得「特許任教資格」。台上的好表現讓他贏得熱烈好評與講師頭銜。雖然他的書讓書評家印象深刻，但引發的評論卻是好壞參半。讓他失望的是母校並未請他回校任教。熊彼德事實上沒有獲得歐洲重要首都的榮譽職位，最後只能在和他出生地頗相似的帝國偏遠邊境擔任副教授。

切爾諾夫策（Cernowitz）是短期旅客停留的城鎮，城內通行多種語言；那裡的大學新建不久，沒有什麼聲望。居民主要是德國新教徒、說德語的猶太人和羅馬尼亞天主教徒，這些人大多剛到不久，許多人一心想前往維也納、巴黎或紐約；一方面是因為多數人在當地未有深厚的根基，因此也沒有任何種族或宗教團體占上優勢、或試著讓別人改變宗教信仰，大部分鎮民只是顧好自己的商店或事業，週日到公園散散步。熊彼德表現心中忿怨的方式是對妻子不忠，對同事冷漠，對禮儀嗤之以鼻。他曾穿著緊身褲散漫地溜進開會場所，引起同仁側目，還曾經作勢威脅要和大學圖書館員決鬥。

愛因斯坦曾回憶他從一九〇二年到一九〇九年待在瑞士伯恩專利辦公室的經歷，發現鄉村生活的孤寂與單調激發了他的「創意思考」。他建議其他學者若有心創造高明傑作，不妨也過過類似的強迫孤獨的生活，例如暫時擔任燈塔看守員。這會讓你有時間好好思考，以及寫下想法；此外，還可免於被他人觀念干擾分神。

事後證明切爾諾夫策這個小鎮就是熊彼德的燈塔。他在居留當地的兩年內，將他二十四到二十六歲住在國外所吸收、觀察、想像、思考的一切去蕪存菁，將成果整理成《經濟發展理論》（*The Theory of Economic Development*）。

在熊彼德看來，經濟發展的過程不僅表示經濟規模變大，結構也會跟著改變；勞工更具生產力，產業更專門化，金融體系更複雜。他認爲，所有生產的目的理所當然是「滿足慾望」，生活水準提高則是發展的結果。但經濟發展「不只是人口或財富的成長」。一個國家縱使人口快速增加，也可能僅增加產出而未提高平均工資或消費。像古埃及這種掠奪性的帝國可能以犧牲弱勢的方式讓自己致富，生產力則完全沒有提升。人口稀疏的新領土或許很豐饒，但沒有發展出專門化的能力或高度的互相依賴。

一個國家能否提供人民高生活水準，最重要的是看生產力；有生產力的經濟體能以同樣的資源生產愈來愈多的東西，就像格林童話裡會不斷增生甜粥的那只魔鍋。每個勞工一輩子的產出，在從耶穌誕生到維多利亞時代之間的近二千年間，幾乎是停滯的，現在在這一代卻增加了一、兩倍。就像馬克．吐溫在一八九七年所說的：「自女皇誕生後，這世界前進的腳步比之前兩千年的總和更快。」熊彼德秉持同樣的精神，視經濟發展爲事實，而不是理論上的可能性而已。相反的，馬爾薩斯和米爾卻是——

站在人類見識過最顯著的經濟發展的門檻外，許多可能性在他們的眼前實現。然而，他們只看到經濟的困窘，看到世人在日益縮減的進步中力求溫飽。他們相信科技的進步……無法抵消報酬遞減的宿命法則……停滯的狀態……近在眼前。

這時，一般人民的生活水準普遍提高已是不容爭辯的事實，不像一八四八年甚至一八六七年還有爭辯的空間。食品、衣服、香菸、肉類與糖的消費在富裕國家都急劇增加。營養的改善反應在人口趨勢上，一八四五年之後嬰兒死亡率開始下降，一八六〇年之後出生時的預期壽命延長，一八二〇至一八七〇年間下降的平均身高在一八七〇年後開始提高。遊民與乞丐這兩大問題逐漸消失。熊彼德寫道：「資本主義漸進地提高了大眾的生活水準，這並非偶然，而是得利於資本主義的機制。」就連平常很謹慎的馬歇爾也在一九〇七年強調「就在不久之前，邊際報酬遞減法則幾乎失效了」。

如果經濟發展真如馬克思所假設，主要由全球化驅動，本地的情況影響甚微，平均生活水準理應變得愈來愈相似。但任何人若是在不久前住過開羅、倫敦、切爾諾夫策或維也納，必然會訝異於不同國家經濟發展程度與速度的巨大差異。一八二〇年，世界最富裕國家荷蘭的平均生活水準大約是亞非最窮國家的三倍半。但到了一九一〇年，差異增大到超過八倍。此一生活水準的差異主要反映出生產力的差異，而非領土、自然資源或人口的不同。以任何定量的資本和勞動力爲例，最具效率的經濟體的生產量必然能比最無效率者高出數倍。不僅如此，有些經濟體的生產力成長幅度更是其他經濟體的數倍。因此，問題不只是何種流程能在兩三代之內讓生產力提高數倍，而是爲什麼同一流程在某些國家運作起來速度會快上許多。

傳統的答案是，國家的發展仰賴該國的資源，熊彼德卻持相反觀點。他認爲重要的不是一個國家擁有什麼，而是如何運用所擁有的。他指出，這個過程是由「工商活動」的創新、企業家和信用這三項**地區性**因素所推動。熊彼德相信，資本主義的明確特徵是「無盡的創新」，著名的「創造性破壞的永恆風暴」。馬克思也觀察到，「資產階級必須不斷革新生產工具才能存在」，但他所指的主要是工廠自動化。熊彼德抱持的是比較寬闊的觀點，他所謂的「創新」是指有將新觀念做有利的運用，而不是發明本身。他指出創新可以是新產品、生產流程、供應來源、市場或組織模式等各種改變。

馬歇爾的名言是「自然界沒有一種發展是跳躍前進的」，他強調管理階層及技術勞工長期累積、持續漸進的改善更重要。熊彼德則是強調戲劇化、破壞性、不連續的跳躍創新。「你大可連續增加很多郵件馬車，還是無法造出一條鐵路……經濟發展的精髓在於就現有的勞力與土地做不同的利用」。但是，單單新科技並無法解釋爲何有些經濟體能有很好的發展，而有些不能，因爲新機器與新方法能傳播到全世界，而且也確實已如此。馬克思明確地排除個人在他的經濟大戲裡扮演任何角色。韋伯曾抱怨，馬克思的「機器所有者」（automaton owner）是被自己無法控制的力量驅使，走向無明之地，盲目追求「利潤，甚至未意識到存有任何等待被滿足的欲望」。熊彼德把重點放在人的因素上。在他看來，經濟發展主要仰賴創業精神。他很認同十九世紀末德國文化對領導力的執迷。他聽過席尼．韋伯闡述費邊社的理論，認爲遺傳的天才造成收入不平等，之後他也對達爾文的表弟高頓以及倫敦政經學院教授卡爾．皮爾森（Karl Pearson）產生興趣，這兩人的作品皆探討遺傳的天才和菁英的角色。

有遠見的領導者是熊彼德論述中的核心角色。企業家的功能是「利用發明，或者更普遍地，利用未嘗試過的技術潛能，據以革新生產模式」。這可以指如汽車或電話的新產品，如利用氰化物煉採南非金礦的新流程，如信託公司這樣的新組織，像埃及這樣對鐵路車廂與軋棉機器有需求的新市場，或如印度棉花的原料供應新來源。企業家不同於馬克思的自動機械資本主義者（automaton capitalist）或馬歇爾的業主——工程師（owner-engineer），企業家的特點是願意「破壞舊思想與行爲模式」，以新方式重新配置現有資源。創新意指克服困難、惰性與阻力。這時需要的是非凡的能力與非凡的人才。熊彼德說：「執行新計畫與照章行事的差異就像開路與行走路上。」

熊彼德的「企業家」努力的主要動機不是愛錢，而是一種「想創建私人帝國的動力與意願」這般開創大事業的動能，及想支配、奮鬥與贏得他人尊敬的驅動力。最後還有「創造、完成事情或單純發揮個人創意與才智的快樂」。馬克思將資產階級描寫成寄生蟲，他們的活動終究會毀滅社會。熊彼德則是採用並進一步發展維塞爾的觀念，認為成長是「個人英雄式的干預結果，這類人以領袖之姿，朝新的經濟海岸線拓展」。他不厭其煩地指出「企業家階級扮演創造性的角色，而那是多數最『布爾喬亞』的經濟學家一再忽略的」。他堅信，科學與技術並不是獨立的因素，而是「資產階級文化的產物」，就像「經營績效本身一樣」。雖然很多人確實因創業致富，企業家對消除貧窮的貢獻比任何政府或慈善機構更大。

企業家雖有精力充沛、高瞻遠矚與強勢支配的特質，但也只能在特定條件下有好表現。財產權、自由貿易、穩定的貨幣都很重要，但攸關企業家存續的關鍵是便宜充裕的貸款。熊彼德指出，企業家若要執行計畫，必須將土地、勞力與機器從目前的用途轉移到自己的計畫上。企業家的助力是「銀行家和其他金融中間人，這些人能動用存款，評估計畫，管理風險，監督管理者，取得設備，或以其他方式將資源從舊渠道重新引導至新渠道」。的確，由於金融部門特別倚賴信心與信賴，很容易受到恐慌與崩跌影響。但如果沒有功能完善的信用市場與強勁的銀行體系，一個經濟體便無法享有創新所需的低利率與充足的融資。所謂成功的經濟體並非絕無危機和衰退，而是能如費雪所強調的，在投資繁榮期能扳回一城之外還有餘裕。

世上最高的利率都出現在最貧窮的國家。經濟史學家藍迪斯（David Landes）寫道：「在這些『低開發』國家，資本主義的文明之光還未能發揮神奇的啓蒙作用，那些地方很少銀行，卻有很多放債者；少有投資，卻有許多儲蓄；沒有金融信用，卻有許多高利貸。」企業家在埃及會面對許多困難，因爲當地的銀行業務很落後，信用與匯兌制度很原始，利率是西方的兩、三倍。最好的證券支付百分之十二至百分之二十的利息，而貧農則要負擔百分之五至六的月利。

熊彼德突顯了過去的經濟理論是爲了「基本上並無發展動作的系統」所設計，他成功地以現有理論爲基礎，設計出新理論以說明動態的系統。他闡明一個經濟體如何利用同樣的資源增加生產，同時演化出更專門化的新結構。更重要的是，他的理論暗示任何國家都做得到。熊彼德的理論把重心放在地方的經營環境而非自然資源，突顯出國家的命運是自己創造的。政府若希望看到人民生活愈來愈好，就應該放棄開拓領土的野心，專心爲本地的企業家培養包括堅實的財產權、穩定的物價、自由貿易、溫和的稅賦與一致的法規等有利的經營環境。經濟成長本質上並無上限，人類的慾望無窮，收入增加與新的慾望能提供經營獲利的機會，絕不下於開拓新領土。只要能進行貿易，創新的力量就足以抵消人口、領土與資源的侷限。這是一個吸引人、浪漫甚至大膽的論述。熊彼德的經濟成功配方講的是機會均等、樂觀，還有一點絕非偶然，就是講求和平。

熊彼德於一九一一年五月完成《經濟發展理論》初稿。這時他已回到維也納，住在母親的房子，等待是否獲選塡補格拉茲大學空缺的消息。他的童年一部分在那個可愛的鄉下小鎭度過，那裡的大學並不是特別富有聲望。但格拉茲的一大優點是搭火車兩個半小時就能到首都。他沒想到那裡的教職員一點都不好說話，批評他的作品「空洞、抽象、拘泥形式」，投票支持另一位候選人。後來是熊彼德的老師博姆—巴維克向教育部說項，才推翻這個決定，讓熊彼德能在二十八歲時如願成爲帝國最年輕的全職教授。

一九一一年秋，熊彼德開始在格拉茲任教，學生和新同事的反應都很冷淡，學生還抵制他的課。但相較之下，他的母校在那年秋天開始顯現的反應更無情。他事後證實「遭遇全面的敵意」。就連博姆—巴維克都嚴苛批評他，甚至在隔年用六十頁的篇幅攻擊熊彼德的書。更讓人沮喪的是，他的老師是少數做出評論的經濟學家——其他人甚至連評論都沒有。

一九一三年到一四年，熊彼德獲邀成爲奧地利第一位到哥倫比亞大學任教的交換教授，他立刻欣然接受。但葛蕾蒂絲明白表示不會陪同前往。兩人結婚不久感情就開始生變，也許是因爲一個英國女性主義兼費邊社員與維也納貴族本就不太相配，也可能只是因爲兩人都不專情，至少依據熊彼德的說法是如此。他承認這樁婚事算是結錯了，也不嘗試挽回。一九一三年八月，他獨自在利物浦搭上皇家郵輪盧西塔尼亞號前往美國，葛蕾蒂絲則回復以前在倫敦的生活方式。

熊彼德的這個休息年非常成功，他很喜歡紐約，美國人也頗受他的精彩談話吸引，驚訝於他的私生活習慣，例如每天要花一個小時裝扮。哥倫比亞大學同仁形容他在該校的就職演說「非常引人注目……也很不同尋常，既精彩又深刻」。

哥倫比亞大學校長的來函爲熊彼德的成功錦上添花，告知董事投票決定要頒給他榮譽學位。普林斯頓、哈佛和其他大學的演講邀約紛湧而至。費雪邀他到新哈芬度感恩節，席間談到歐戰爆發的可能。就像英國政治家諾曼·安吉爾（Norman Angell）一樣，費雪相信跨國經濟的融合不太可能讓戰爭發生。許多國家現在很倚賴外國資金，根本沒有本錢搗蛋。熊彼德抱持懷疑地傾聽。

熊彼德在離開美國之前，無法抗拒像馬歇爾一樣搭火車遊美，直到一九一四年八月才返回維也納。

BEB0194

偉大的追尋——經濟學天才與他們的時代　第一部：希望

Grand Pursuit : The Story of Economic Genius　Act I Hope

作　者—西爾維雅．娜薩（Sylvia Nasar）
譯　者—張美惠
主　編—李清瑞
責任編輯—林家任、李筱婷
美術編輯—Poulenc
執行企劃—鍾岳明
董事長
發行人—孫思照
總經理—莫昭平
總編輯—陳蕙慧
出版者—時報文化出版企業股份有限公司
10803臺北市和平西路三段二四〇號三樓
發行專線—（〇二）二三〇六六八四二
讀者服務專線—〇八〇〇二三一七〇五
（〇二）二三〇四七一〇三
讀者服務傳真—（〇二）二三〇四六八五八
郵撥—一九三四四七二四時報文化出版公司
信箱—臺北郵政七九～九九信箱
時報悅讀網—http://www.readingtimes.com.tw
電子郵箱—history@readingtimes.com.tw
法律顧問—理律法律事務所　陳長文律師、李念祖律師
印　刷—盈昌印刷有限公司
初版一刷—二〇一三年三月十五日
定　價—新臺幣三〇〇元
行政院新聞局局版北市業字第八〇號

國家圖書館出版品預行編目資料

偉大的追尋：經濟學天才與他們的時代. 第一部, 希望 / 西爾維雅. 娜薩 (Sylvia Nasar) 著 ; 張美惠譯. -- 初版. -- 臺北市 : 時報文化, 2013.03
面 ;　公分
譯自 : Grand pursuit : the story of economic genius

ISBN 978-957-13-5729-4(平裝)

1. 經濟史　2. 經濟學家

550.9　　102002465

ISBN 978-957-13-5729-4
Printed in Taiwan